AF299369

ORIENTALES
Le Livre du Thé
par Okakura-Kakuzo
Traduction
de
Gabriel
Mourey
André Delpeuch
Éditeur

LE LIVRE DU THÉ

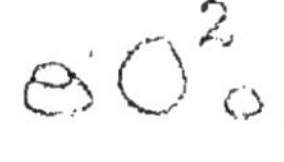

那毛業店杜詩廿四
游可采

ORIENTALES

OKAKURA-KAKUZO

LE LIVRE DU THÉ

TRADUIT DE L'ANGLAIS
Par GABRIEL MOUREY

Illustrations de LOKA-HASEGAWA

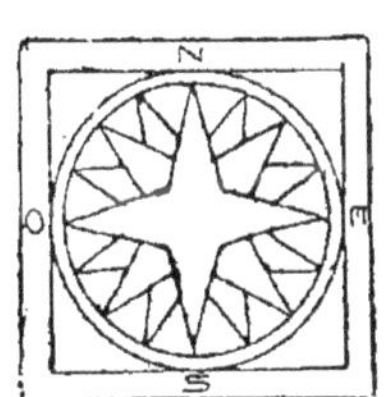

ANDRÉ DELPEUCH, ÉDITEUR
51, RUE DE BABYLONE, PARIS
1927

IL A ÉTÉ TIRÉ A PART

25 EXEMPLAIRES SUR JAPON, NUMÉROTÉS
DE 1 A 25.

100 EXEMPLAIRES SUR HOLLANDE, NUMÉROTÉS
DE 26 A 125

20 EXEMPLAIRES HORS COMMERCE, MARQUÉS
A À T.

PRÉFACE DU TRADUCTEUR

茶編

PRÉFACE DU TRADUCTEUR

L'auteur du Livre du thé, *Okakura-Kakuzo, est né en 1862 et mort en 1913. Japonais d'origine, d'éducation, de culture, défenseur ardent des traditions et des mœurs qui ont fait, durant des siècles, la force de la civilisation japonaise, ses ouvrages, les* Idéaux de l'Orient *(1903),* le Réveil du Japon *(1905), ont été, comme le* Livre du Thé *(1906), écrits et publiés en anglais.*

« Tout jeune encore, en 1886, dit Margaret Noble dans la préface des Idéaux de l'Orient, *il fut désigné pour faire partie de la commission impériale que le gouvernement japonais envoya en Europe et aux États-Unis étudier l'histoire de l'art et le mouvement artistique moderne. Loin d'être affaiblie par cette expé-*

rience, sa passion de l'art asiatique ne fit que grandir au cours de ses voyages et c'est de cette époque que date l'influence sans cesse croissante qu'il exerça dans le sens d'une rationalisation de l'art japonais en opposition avec les tendances pseudo-européanisantes alors en faveur dans l'Extrême-Orient.

« A son retour d'Occident, le gouvernement japonais, pour reconnaître ses services, le nomma directeur de la nouvelle école d'art de Ueno, Tokyo. Mais des changements politiques survinrent qui remirent en honneur les méthodes européennes dans les écoles et, en 1897, leur redonnèrent une nouvelle vigueur. M. Okakura donna alors sa démission. Six mois plus tard, trente-neuf jeunes artistes, parmi les plus doués, se groupaient autour de lui et ouvraient le Nippon Bijitsu-in ou Palais des Beaux-Arts, à Yanaka, dans les faubourgs de Tokyo.

« M. Okakura est en quelque sorte le William Morris de son pays et le Nippon Bijitsu-in une espèce de Merton Abbey japonaise. Les arts décoratifs, tels que le laque et l'art du métal, la fonte du bronze, la céramique y sont enseignés, ainsi que la peinture et la sculpture japonaises...

« M. Okakura a de plus aidé le gouvernement japonais à classer les trésors d'art du Japon. »

« C'était, — écrivait d'autre part une poétesse hindoue de la famille Tagore, Priambada Dévi, à une personne de mes relations qui avait bien voulu lui demander, de ma part, quelques souvenirs personnels sur Okakura-Kakuzo, — un grand idéaliste. Les réalités de l'existence n'étaient point faites pour lui et le rendaient souvent malheureux. Sa seule passion était l'art ; il voulait faire revivre les vieux « Idéaux de l'Orient » et rêvait de recréer l'union complète de l'Asie. Il travailla, lutta, se sacrifia, vécut et mourut pour cet idéal. C'était l'ami le plus sûr.

« Patriote ardent, quand il vit que la pensée et les idées, les mœurs et les coutumes, les arts et les métiers de l'Europe envahissaient, inondaient le Japon, quand il vit les forces spirituelles de la nation japonaise succomber sous les forces matérielles de l'Occident, il abandonna tout pour combattre ce fléau, il fit à cette cause le sacrifice de ses ambitions personnelles, de sa tranquillité, de sa fortune.

« Le nouvel empereur était de ses amis ; comme lui, il espérait assister à la renaissance des anciens idéaux et à l'arrêt de cette marée de civilisation matérialiste venue de l'Occident.

« Okakura était un véritable ami de l'Inde et des Hindous ; il se considérait lui-même comme un fils adoptif de l'Inde, désireux de travailler pour elle, de lui faire du bien. Comme pour le Japon, un de ses buts les plus chers était de raffermir dans l'esprit des fils de l'Inde moderne les idéaux du passé.

« En février 1913, il composa en anglais un livret d'opéra en trois actes, d'une inspiration très pure et très belle, en vers de tout premier ordre, dont un compositeur français devait écrire la musique. J'en ai eu le manuscrit entre les mains. La première représentation devait avoir lieu à New-York.

« Il était aussi en train d'écrire un livre sur l'art chinois : je crains qu'il ne l'ait laissé inachevé. »

D'une autre personne, miss Mary Curtis, de

Boston, dans la famille de laquelle Okakura-Kakuzo fréquentait intimement, au cours des longs séjours qu'il fit en Amérique et notamment en cette ville comme conservateur des collections japonaise et chinoise du musée, je tiens les renseignements suivants :

« Okakura-Kakuzo était un de nos familiers. C'était un homme très remarquable qui, tout en possédant la connaissance la plus sûre du passé, montrait la compréhension la plus large et la plus chaleureuse de tout ce que peuvent offrir de meilleur l'art et la vie modernes.

« Sa conversation était délicieuse : il avait tout lu ; et c'était un véritable enchantement de l'entendre conter les histoires et les légendes du vieux Japon ; il avait un sens exquis de l'humour.

« La musique le passionnait — particulièrement la musique française moderne.

« M. Okakura ne ressemblait à aucun des Japonais que j'ai connus. Il appartenait à une famille de Samouraï.

« Il était plutôt grand, ses cheveux étaient légèrement bouclés et ses mains, très belles, faisaient songer à celles d'un bouddha. Il portait toujours le costume japonais.

« Quant à la pièce sur laquelle vous me questionnez, je crois qu'elle était intitulée : le Renard blanc. Il l'avait composée à la prière d'un violoniste et compositeur français qui vivait près de Boston ; mais la musique n'en fut jamais écrite, que je sache. Elle n'a pas non plus été publiée : M. Okakura n'en était pas satisfait. »

D'un article nécrologique paru dans le Bulletin du musée des Beaux-Arts de Boston (décembre 1913), j'extrais enfin pour achever ce portrait les lignes suivantes :

« Okakura-Kakuzo avait la simplicité du génie... Il fut peut-être le plus grand érudit et l'écrivain le plus original des temps modernes sur l'art de l'Extrême-Orient. Mais il s'intéressait à tout et son esprit était encyclopédique. Sa connaissance de l'art et de la littérature de l'Occident n'était pas moins prodigieuse. C'était un véritable plaisir de voir des œuvres d'art ou d'entendre de la musique en sa compagnie. Après une symphonie de Beethoven, il disait à son compagnon : « C'est peut-être le seul art dans lequel l'Occident ait été plus loin que l'Orient. »

« Il aimait Raphaël et détestait Rubens. Des peintures cubistes il disait : « J'ai beau y appliquer mon esprit : je ne touche rien. »

« Okakura-Kakuzo a donné un démenti au vers fameux de Kipling :

« Oh ! l'Orient est l'Orient, l'Occident est l'Occident et ils ne se rejoindront jamais. »

« Ils se sont rejoints dans Okakura-Kakuzo. »

*
* *

Okakura-Kakuzo était, je crois bien, entièrement inconnu en France jusqu'à ces dernières années, et je ne sache pas qu'aucun article ait jamais été publié chez nous, le concernant, avant celui que je donnai au Temps, alors que je travaillais à la traduction du Livre du Thé (1). Depuis, dans la préface qu'il a écrite pour la traduction des Idéaux de l'Orient et du Réveil du Japon par J. Serruys (2), M. Auguste Gérard, ancien ambassadeur de France au Japon, a rendu pleine

(1) *La Religion du thé. Le Temps*, 8 février 1914.
(2) **Payot édit., Paris.**

justice à l'écrivain japonais ; mais n'est-il point étrange qu'au cours de ces pages si pénétrantes ne soit pas même fait mention de ce délicieux petit livre ? Je ne puis comprendre pourquoi ; je comprends d'autant moins pourquoi que certaines des idées et des théories chères à Okakura-Kakuzo, et qui forment le fond substantiel et essentiel de son œuvre, s'y trouvent exposées autrement, il est vrai, mais avec tout autant de force, d'éloquence, de fantaisie, d'ingéniosité et de conviction que dans les deux autres sur lesquels M. Gérard a uniquement insisté ; notamment celle de « l'unité de l'Asie » et de la mission du Japon, « qui n'est pas seulement de revenir à son ancien idéal, mais aussi de sentir et de ranimer la vie dormante de cette vieille unité ». Omission ou dédain regrettable, car, quelle que soit la valeur (et elle est incontestable et très haute à mes yeux) des Idéaux de l'Orient *et du* Réveil du Japon, *je ne pense pas que soit moindre celle du* Livre du Thé.

Okakura-Kakuzo était un esprit passionné

de lumière et de beauté, extraordinairement raffiné et subtil, d'une sensibilité infiniment délicate, du goût le plus sûr et le plus élégant, un de ces hommes qui ont la sagesse... ou la folie de penser que l'humanité serait peut-être moins malheureuse si elle était restée plus étroitement attachée à ses traditions et à ses croyances ancestrales, un de ces artistes-poètes qui savent jouir de tous les spectacles de la nature et de la vie et pour qui l'art ne réside pas uniquement dans les œuvres des peintres, des sculpteurs, des musiciens, des écrivains, des architectes, mais sous mille autres formes invisibles pour la plupart aux regards de la foule et qui procurent aux sens et à l'âme des initiés d'incomparables voluptés.

Quoi qu'il en soit, je n'hésiterai pas à affirmer qu'il n'est nullement besoin d'être Japonais pour tirer profit des leçons de sagesse et de beauté dont Okakura Kakuzo a fleuri, à profusion, ce précieux petit ouvrage ; au contraire, c'est à nous autres, Européens, que ces leçons peuvent être le plus utiles, c'est à nous autres qu'elles sont le plus nécessaires. On m'objectera sans doute que la conception *de la nature, de la vie, de l'art qui y est enseignée cadre mieux avec les mœurs de l'Extrême-Orient et particulièrement du Japon ; l'on ne saurait nier en tout cas qu'il n'y ait pour nous que des avantages à essayer de nous en rapprocher, en si faible mesure que ce soit. Que la lecture de ces pages contribue seulement à ébranler quelques-uns des préjugés sur lesquels nous vivons, moins encore, à nous les faire regarder comme des préjugés, je n'ose l'espérer, me bornant à souhaiter que ceux qui les liront y éprouvent autant de délicat et rare plaisir que j'ai eu moi-même à les traduire. Les exemples, les rapprochements de faits et d'idées, les anecdotes, les légendes dont elles fourmillent, les vues qui nous y sont offertes sur la vie héroïque, religieuse, intime du vieux Japon, l'atmosphère de poésie qui y règne, je me refuse à croire que tout cela n'enchante pas les raffinés que nous nous piquons d'être et que nous ne sommes pas toujours de la façon dont nous devrions l'être, pour donner à notre sensibilité son entier épanouissement.*

GABRIEL MOUREY.

LE LIVRE DU THÉ

A John Lafarge, Sensei.

I

LA COUPE DE L'HUMANITÉ

Avant de devenir un breuvage, le thé fut d'abord une médecine. Ce n'est qu'au huitième siècle qu'il fit son entrée, en Chine, dans le royaume de la poésie, comme une des distractions élégantes du temps. Au quinzième siècle, le Japon l'ennoblit et en fit une religion esthétique, le théisme.

Le théisme est un culte basé sur l'adoration du beau parmi les vulgarités de l'existence quotidienne. Il inspire à ses fidèles la pureté et l'harmonie, le mystère de la charité mutuelle, le sens du romantisme de l'ordre social. Il est essentiellement le culte de l'Imparfait, puisqu'il est un effort pour accomplir quelque chose de possible dans cette chose impossible que nous savons être la vie.

La philosophie du thé n'est pas une simple esthétique dans l'acception ordinaire du terme, car elle nous aide à exprimer, conjointement avec l'éthique et avec la religion, notre conception intégrale de l'homme et de la nature. C'est une hygiène, car elle oblige à la propreté ; c'est une économie, car elle démontre que le bien-être réside beaucoup plus dans la simplicité que dans la complexité et la dépense ; c'est une géométrie morale, car elle définit le sens de notre proportion par rapport à l'univers. Elle représente enfin le véritable esprit démocratique de l'Extrême-Orient en ce qu'elle fait de tous ses adeptes des aristocrates du goût.

Le fait que le Japon s'est trouvé si longtemps isolé du reste du monde a aidé puissamment, en développant le goût de la vie intérieure, à propager le théisme. Nos maisons et nos habitudes, notre façon de nous vêtir et notre cuisine, notre céramique, notre laque, notre peinture, notre littérature même, tout, chez nous, a subi son influence. Per-

sonne ne peut l'ignorer qui connaît la culture japonaise. Il a pénétré aussi bien dans les
maisons les plus nobles et les plus élégantes
que dans les plus humbles demeures. Il a
appris à nos paysans l'art d'arranger les
fleurs, il a enseigné au plus simple travailleur
le respect des rochers et de l'eau. Dans notre
langage usuel l'on dit volontiers, en parlant
d'un homme insensible aux épisodes sério-
comiques du drame individuel, qu'il « manque
de thé » ; et l'on flétrit, au contraire, l'es-
thète grossier qui, indifférent à la tragédie
mondaine, s'abandonne sans mesure, en
toute liberté, au courant de ses émotions,
en disant qu'il a « trop de thé ».

Un étranger s'étonnera sans doute que
l'on puisse faire à ce propos tant de bruit pour
rien. « Quelle tempête dans une tasse de
thé ! » dira-t-il. Mais si l'on considère combien petite est, après tout, la coupe de la joie
humaine, combien vite elle déborde de larmes, combien facilement, dans notre soif
inextinguible d'infini, nous la vidons jusqu'à la lie, l'on ne nous blâmera pas de faire
tant de cas d'une tasse de thé. L'humanité

a fait pis. Nous avons sacrifié trop librement
au culte de Bacchus ; nous avons même trans-
figuré l'image ensanglantée de Mars. Pourquoi ne nous consacrerions-nous pas à la
Reine des Camélias et ne nous abandonne-
rions-nous pas au chaud courant de sympathie qui descend de ses autels ? Dans le
liquide ambré qui emplit la tasse de porcelaine ivoirine, l'initié peut goûter l'exquise
réserve de Confucius, le piquant de Laotsé
et l'arome éthéré de Çakyamouni lui-même.

Ceux qui sont incapables de sentir en eux-
mêmes la petitesse des grandes choses sont
mal préparés à discerner la grandeur des
petites choses chez les autres. Un Occidental
quelconque, dans sa complaisance superfi-
cielle, ne verra dans la cérémonie du thé
qu'une des mille et une bizarreries qui cons-
tituent pour lui le charme et la puérilité de
l'Extrême-Orient. Il s'était habitué à considérer le Japon comme un pays barbare tant
que l'on n'y pratiquait que les arts aimables
de la paix ; il tient le Japon pour civilisé
depuis qu'il s'est mis à pratiquer l'assassinat
en grand sur les champs de bataille de Mand-

chourie. Que de commentaires n'a-t-on pas consacrés au code des Samouraï, à cet Art de la Mort auquel nos soldats font si joyeusement le sacrifice de leur vie ! mais personne n'accorde d'attention au théisme qui, pourtant, représente si bien notre Art de la Vie. Ah ! nous resterions volontiers des barbares si notre titre à la civilisation ne devait reposer que sur la gloire militaire et nous attendrions volontiers l'heure où serait accordé à notre art et à nos idéaux le respect qu'ils méritent.

Quand donc l'Occident comprendra-t-il, ou essaiera-t-il de comprendre l'Orient ? Nous sommes parfois épouvantés, nous autres Asiatiques, de l'étrange tissu de faits et d'inventions dont on nous a enveloppés. L'on nous représente vivant du parfum des lotus, quand ce n'est pas de souris et de blattes. Il n'y a chez nous que fanatisme impuissant ou sensualité abjecte. Le spiritualisme hindou n'est que de l'ignorance, la sobriété chinoise que de la stupidité, le patriotisme japonais que le produit du fatalisme ; et l'on a été jusqu'à dire que, si nous sommes moins sensibles à la douleur et aux blessures, c'est à cause d'une moindre délicatesse de notre système nerveux.

Pourquoi ne pas vous amuser à nos dépens ? L'Asie vous retourne le compliment. Vous ririez bien davantage si vous saviez tout ce que nous avons imaginé et écrit sur vous. Il y a là tout le charme de la perspective, tout l'hommage inconscient du merveilleux, toute la vengeance silencieuse du nouveau et de l'indéfini. L'on vous a chargés de vertus trop raffinées pour les envier et accusés de crimes trop pittoresques pour les condamner. Nos écrivains d'autrefois — hommes sages, et savants ! — nous ont appris, par exemple, que vous portiez des queues de bois cachées quelque part sous vos vêtements et qu'il vous arrivait souvent de dîner d'une fricassée d'enfants nouveaunés ! Il y a pis encore : nous étions habitués à vous considérer comme le peuple le plus impratique de la terre, parce qu'on nous avait dit que vous prêchiez ce que vous ne pratiquiez pas.

Heureusement ces idées fausses commencent à se dissiper chez nous. Le commerce a mené bien des Européens vers les ports de l'Extrême-Orient ; les jeunes Asiatiques affluent vers les collèges occidentaux pour acquérir l'éducation moderne. Si nous n'approfondissons pas encore votre culture, du moins avons-nous la volonté de la connaître. Nombre de mes compatriotes ont adopté déjà bien trop de vos coutumes et de votre étiquette, avec l'illusion de croire qu'en achetant des cols raides et des chapeaux de soie ils acquéraient en même temps la connaissance de votre civilisation. Si douloureuses et si déplorables que soient de semblables affectations, elles prouvent en tout cas notre empressement à nous approcher avec respect de l'Occident. Malheureusement, l'attitude occidentale est peu favorable à la compréhension de l'Orient. Le missionnaire chrétien vient chez nous pour enseigner et non pour apprendre. Ses informations sont basées sur quelques pauvres traductions de notre immense littérature, quand ce n'est pas sur les anecdotes, peu dignes de foi, de voyageurs qui passent, et c'est bien rarement que la plume chevaleresque d'un Lafcadio Hearn ou d'un écrivain comme l'auteur du *Tissu de la vie indienne* éclaire les ténèbres orientales avec la torche de nos sentiments personnels.

Mais il se peut que je trahisse ma propre ignorance du Culte du Thé en me montrant si franc. L'essence de la politesse commande de ne dire que ce que l'on attend de nous, pas davantage. Tant pis si je passe pour un théiste impoli. L'incompréhension mutuelle du Nouveau Monde et du Vieux a déjà fait tant de mal qu'il n'y a pas à s'excuser de vouloir collaborer si peu que ce soit au progrès d'une compréhension meilleure.

Le commencement du vingtième siècle aurait épargné au monde le spectacle d'une guerre affreusement sanguinaire si la Russie avait condescendu à mieux connaître le Japon. Quelles conséquences terribles pour l'humanité comporte l'ignorance méprisante où elle est des problèmes orientaux ! L'impérialisme européen, qui ne dédaigne pas de pousser le cri absurde du Péril jaune, n'imagine pas que l'Asie puisse aussi un jour pénétrer le sens cruel du Désastre blanc. Vous pouvez rire de nous qui avons « trop de thé », mais ne pouvons-nous pas vous soupçonner, vous autres Occidentaux, de « manquer de thé » dans votre constitution ?

Empêchons les continents de se harceler ainsi d'épigrammes et soyons plus attristés, sinon plus assagis, du gain mutuel d'un demi-hémisphère. Nous nous sommes développés dans des sens différents, mais il n'y a pas de raison pour que l'un ne complète pas l'autre. Vous avez gagné en expansion au prix de l'absence de toute tranquillité ; nous avons créé une harmonie sans force contre une attaque. Le croiriez-vous ? L'Orient, à certains égards, vaut mieux que l'Occident !

N'est-il pas étrange, en tout cas, que de si loin l'humanité se soit rencontrée autour d'une tasse de thé ? Voilà le seul cérémonial asiatique qui emporte l'estime universelle. L'homme blanc a raillé notre religion et notre morale, mais il a accepté sans hésitation le breuvage doré. Le thé de l'après-midi est maintenant une fonction importante de la vie de société occidentale. Dans le bruit délicat des soucoupes et des tasses, dans le joli gazouillement de l'hospitalité féminine, dans le catéchisme, admis partout, de la crème et du sucre, nous avons autant de preuves que la Religion du Thé est maintenant au-dessus de toute contestation. La résignation philosophique de l'invité, au destin qui l'attend sous la forme d'une décoction souvent douteuse, proclame bien haut que, là du moins, l'esprit de l'Orient règne sans conteste.

La première mention écrite que l'on connaisse du thé en Europe se trouve, dit-on, dans le récit d'un voyageur arabe qui raconte qu'après 879 les principales sources de revenus de la ville de Canton étaient constituées par les droits sur le sel et sur le thé. Marco Polo parle de la déposition d'un ministre des finances de Chine en 1285 à cause d'une augmentation arbitraire des taxes sur le thé. C'est à l'époque des grandes découvertes que l'Europe commença à être un peu mieux renseignée sur les choses de l'Extrême-Orient. A la fin du seizième siècle, les Hol-

landais répandirent le bruit que l'on faisait
en Orient une boisson délicieuse avec les
feuilles d'un arbuste. Les voyageurs Gio-
vanni-Battista Ramsio (1559), L. Almeida
(1576), Maffeno (1588), Tareira (1610) font
aussi mention du thé (1). Dans cette dernière
année, des bateaux de la Compagnie hollandaise des Indes orientales apportèrent en
Europe le premier thé, qui fut connu en
France en 1636 et parvint en Russie en
1638 (2). En 1650, l'Angleterre l'accueillit et
en parle comme de « cette excellente boisson
approuvée par tous les médecins chinois, que
les Chinois appellent *tcha* et les autres nations
tay, alias *tee* ».

Comme toutes les meilleures choses du
monde, la propagande du thé ne fut pas sans
rencontrer de l'opposition. Des hérétiques,
comme Henry Saville (1678), la dénoncèrent
comme une boisson impure. Jonas Hanway,
dans son *Essai sur le thé* qui date de 1756,
affirmait que l'usage du thé faisait perdre
aux hommes leur stature et leur amabilité ;

(1) Paul Kransel, *Dissertations,* Berlin, 1902.
(2) *Mercurius Politicus,* 1656.

aux femmes, leur beauté. Le prix du thé à ses débuts (environ quinze à seize shillings la livre) l'empêcha de devenir une boisson de consommation courante et en fit « un régal pour les réceptions du grand monde, dont on ne fait présent qu'aux princes et aux grands ». Cependant, en dépit de ces inconvénients, l'usage du thé se répandit avec une extraordinaire rapidité. Dans la première moitié du dix-huitième siècle, les cafés de Londres étaient devenus, en fait, des maisons de thé et le rendez-vous des beaux esprits comme Addison et Steele, qui s'oubliaient eux-mêmes devant leur « plat de thé ». Le thé devint bientôt une nécessité de la vie et, par suite, une marchandise imposable. Rappelons, à ce propos, quel rôle important il a joué dans l'histoire moderne. L'Amérique coloniale a supporté l'oppression jusqu'au jour où la patience humaine se révolta devant les droits trop lourds dont on frappa le thé. L'indépendance de l'Amérique date de la destruction de caisses de thé dans le port de Boston.

Le goût de thé possède un charme subtil

qui le rend irrésistible et particulièrement
susceptible d'idéalisation ; aussi les humoristes occidentaux n'ont-ils point tardé à
mêler son arome au parfum de leur pensée.
Le thé n'a pas l'arrogance du vin, l'individualisme conscient du café, l'innocence souriante du cacao. Déjà en 1711, le *Spectator*
dit : « Je veux recommander particulièrement
mes réflexions à toutes les familles bien me-
nées qui consacrent une heure spéciale chaque
matin au thé, au pain et au beurre et je tiens
à les prier instamment, dans leur intérêt,
d'exiger que ce journal leur soit ponctuelle-
ment servi et de le considérer comme faisant
partie du service à thé. » Samuel Johnson,
enfin, faisant son propre portrait, se représente sous les traits « d'un buveur de thé
endurci et sans pudeur, qui pendant vingt
ans n'a arrosé ses repas que d'infusions de
la plante enchanteresse, que le thé a toujours
amusé le soir, consolé à minuit et qui avec
le thé a toujours salué la venue du matin ».

Charles Lamb, adepte déclaré du thé, a
donné la vraie définition du théisme en écri-
vant que le plus grand plaisir qu'il connût

était de faire une bonne action à la dérobée et de s'en apercevoir par hasard. Car le théisme est l'art de cacher la beauté que l'on est capable de découvrir, et de suggérer celle que l'on n'ose pas révéler. C'est là le noble secret de se sourire à soi-même, calmement mais entièrement, et c'est aussi l'humour même, le sourire de la philosophie. Tous les humoristes vraiment originaux peuvent être considérés comme des philosophes du thé, Thackeray, par exemple, et, par ailleurs, Shakespeare. Les poètes de la décadence — quand donc le monde n'a-t-il pas été en décadence ? — ont aussi, jusqu'à un certain point, par leurs protestations contre le matérialisme, ouvert la voie au théisme ; et il se pourrait bien aujourd'hui que ce fût grâce à notre faculté de contempler sérieusement l'Imparfait que l'Occident et l'Orient peuvent se rencontrer dans une sorte de consolation mutuelle.

Les Taoïstes racontent qu'au grand commencement du Non-Commencement, l'Esprit et la Matière se livrèrent un combat mortel. Enfin l'Empereur Jaune, le Soleil du

Ciel, triompha de Shuhyung, le démon des ténèbres et de la terre. Le Titan, dans son agonie, frappa de sa tête la voûte solaire et fit éclater en morceaux le dôme de jade bleu. Les étoiles perdirent leurs nids, la lune erra sans but parmi les abîmes déserts de la nuit. Désespéré, l'Empereur Jaune chercha partout quelqu'un pour réparer les cieux. Il ne chercha pas en vain. De la mer orientale surgit une reine, la divine Niuka, avec une couronne de cornes et une queue de dragon, resplendissante dans son armure de feu. Elle souda les cinq couleurs de l'arc-en-ciel dans sa chaudière magique et rebâtit le ciel chinois. Mais l'on dit aussi que Niuka oublia de boucher deux petites crevasses dans le firmament bleu. Ainsi commença le dualisme de l'amour — deux âmes qui roulent à travers l'espace et ne se reposent jamais jusqu'à ce qu'elles se rejoignent pour compléter l'univers. Chacun doit rebâtir à nouveau son ciel d'espérance et de paix.

Le ciel de l'humanité moderne a été brisé dans la lutte cyclopéenne entre la richesse et la puissance. Le monde marche à tâtons dans les ténèbres de l'égoïsme et de la vulgarité. L'on achète la science avec une mauvaise conscience, l'on pratique la bienveillance par amour de l'utilité. L'Orient et l'Occident, comme deux dragons ballottés sur une mer en fermentation, luttent en vain pour reconquérir la pierre précieuse de la vie. Nous avons besoin d'une Niuka pour réparer le grand désastre ; nous attendons le grand Avatar. En attendant, dégustons une tasse de thé. La lumière de l'après-midi éclaire les bambous, les fontaines babillent délicieusement, le soupir des pins murmure dans notre bouilloire. Rêvons de l'éphémère et laissons-nous errer dans la belle folie des choses.

II

LES ÉCOLES DE THÉ

 Le thé est une œuvre d'art et a besoin de la main d'un maître pour manifester ses plus nobles qualités. Il y a de bon et de mauvais thé, comme il y a de bonne et de mauvaise peinture, — plus souvent de mauvaise — et il n'existe pas plus de recettes pour faire du thé parfait qu'il n'existe de règles pour produire un Titien ou un Sesson. Chaque façon de préparer les feuilles possède son individualité, ses affinités spéciales avec l'eau et avec la chaleur, ses souvenirs héréditaires, sa manière propre de conter. La vraie beauté y doit résider toujours. Combien ne souffrons-nous pas de voir que la

société se refuse à admettre cette loi fonda-
mentale et, cependant, si simple, de l'art
et de la vie ! Lichihlai, un poète Song, a
mélancoliquement remarqué que les trois
choses les plus déplorables du monde sont :
de voir une belle jeunesse gâtée par une
fausse éducation, de voir de beaux tableaux
dégradés par l'admiration du vulgaire et de
voir gaspiller tant de bon thé par suite d'une
manipulation imparfaite.

Comme l'Art, le Thé a ses écoles et ses
périodes. Son évolution peut se diviser en
trois étapes principales : le thé bouilli, le
thé battu et le thé infusé. Les modernes
appartiennent à la dernière école. Ces
diverses méthodes d'apprécier le thé sont
significatives de l'esprit des époques où elles
ont prévalu. Car la vie est une expression et
nos actions inconscientes trahissent toujours
notre pensée intime. Confucius disait que
« l'homme ne sait rien cacher ». Peut-être ne
nous révélons-nous trop dans les petites
choses que parce que nous avons si peu de
grandes choses à cacher. Les menus faits de
la routine quotidienne sont aussi bien le

commentaire des idéaux d'une race que les plus hautes envolées de la philosophie ou de la poésie. De même que les différentes façons de faire le vin caractérisent les tempéraments particuliers des différentes époques et des différentes nationalités européennes, de même les idéaux du thé caractérisent les diverses modalités de la culture orientale. Le gâteau de thé que l'on faisait bouillir, la poudre de thé qué l'on battait, la feuille de thé que l'on laissait infuser marquent les diverses impulsions émotionnelles des dynasties chinoises Tang, Song et Ming, et, pour employer la terminologie de la classification artistique dont on a tant abusé, l'on pourrait les désigner respectivement comme les écoles classique, romantique et naturaliste du thé.

La plante du thé, originaire du sud de la Chine, était bien connue dès les temps les plus lointains par la botanique et la médecine chinoises, et, sous les divers noms par lesquels la désignent les écrivains classiques : Tou, Tseh, Chung, Kha et Ming, elle était hautement appréciée comme possédant la vertu de soulager la fatigue, de délecter l'âme, de fortifier la volonté, de ranimer la vue. On ne l'administrait pas seulement comme remède interne, mais on l'appliquait souvent comme remède externe, sous forme de pâte, pour soigner les rhumatismes. Les Taoïstes considéraient le thé comme un élément important de l'élixir d'immortalité et les Bouddhistes s'en servaient couramment pour lutter contre le sommeil durant leurs longues heures de méditation.

Entre le quatrième et le cinquième siècle le thé devint la boisson favorite des habitants de la vallée du Yangtsé-Kiang ; c'est à peu près à cette époque que fut forgé le caractère idéographique moderne Cha, corruption évidente du classique Tou. Les poètes des dynasties du sud nous ont laissé des traces de la fervente adoration qu'ils vouaient à « la mousse du jade liquide ». Les empereurs d'alors avaient coutume d'accorder à leurs premiers ministres, comme récompense de services éminents, quelque rare préparation des précieuses feuilles. Cependant, la manière dont on buvait le thé à cette époque était extrêmement primitive. On passait les feuilles à la vapeur, on les écrasait dans un mortier, on en faisait un gâteau et on les mettait bouillir, avec du riz, du gingembre, de l'écorce d'orange, des épices, du lait et, quelquefois, des oignons — coutume encore florissante aujourd'hui chez les Thibétains et dans diverses tribus mongoles, qui composent avec tous ces ingrédients un étrange sirop. L'usage des tranches de citron si cher aux Russes, lesquels doivent leur connaissance du thé aux caravansérails chinois, est une survivance de cette ancienne méthode.

Il fallut le génie de la dynastie Tang pour émanciper le thé de cet état grossier et le hausser à son idéalisation définitive. Luwuh, qui vivait au milieu du huitième siècle, est le premier apôtre du thé. Il était né à une époque où le bouddhisme, le taoïsme et le confucianisme cherchaient une synthèse commune. Le symbolisme panthéiste d'alors prétendait refléter l'universel dans le particulier. Luwuh, en vrai poète qu'il était, découvrit dans le « service du thé » le même ordre et la même harmonie qui régnaient dans toutes les choses, et dans son fameux ouvrage, le *Chaking*, qui peut être considéré comme la Bible du Thé, il formula le code du thé : en souvenir de quoi les marchands de thé chinois l'honorent comme leur dieu tutélaire.

Le *Chaking* comprend trois volumes et dix chapitres. Dans le premier, Luwuh traite de la nature de la plante du thé ; dans le second, des outils employés pour récolter les feuilles ; dans le troisième, du tri des feuilles. Selon lui, la meilleure qualité de feuilles doit avoir « des plis comme les bottes de cuir des cavaliers tartares, des boucles comme les fanons d'un bœuf puissant, se dérouler comme la brume qui monte d'un ravin, briller comme un lac effleuré par le zéphir, enfin, être humides et douces au toucher comme la terre fraîchement balayée par la pluie ».

Le quatrième chapitre est consacré à l'énumération et à la description des vingt-quatre parties de « l'équipement du thé », depuis le brasier à trois pieds jusqu'au cabinet de bambou qui contient tous ces ustensiles. Notons ici la prédilection de Luwuh pour le symbolisme taoïste et à ce propos, car elle vaut aussi de nous intéresser, l'influence du thé sur la céramique chinoise. La porcelaine Céleste a pour point de départ, on le sait, le souci de reproduire les colorations exquises du jade, souci qui aboutit, sous la dynastie Tang, à l'émail bleu du sud et à l'émail blanc du nord. Luwuh tenait le bleu pour la couleur idéale d'une coupe à thé, à cause qu'elle ajoute au liquide une teinte verdâtre, tandis que le blanc le fait paraître rosé et déplaisant. Aussi usait-il du gâteau de thé. Plus tard, quand les maîtres de thé des Song employèrent le thé en poudre, ils préfèrent les bols épais bleu foncé et brun foncé, tandis que les Ming avaient plaisir à boire leur thé infusé dans des tasses de fine porcelaine blanche.

Au cinquième chapitre, Luwuh décrit la méthode de faire le thé. Il proscrit tous les ingrédients à l'exception du sel. Il insiste aussi sur la question tant controversée du choix de l'eau et des degrés d'ébullition qu'elle doit avoir. D'après lui, l'eau de mon-

tagne est la meilleure, puis vient l'eau de
rivière et, enfin, l'eau de source ordinaire.
Il y a trois états d'ébullition : le premier,
lorsque les petites bulles pareilles à des
yeux de poisson flottent à la surface de
l'eau ; le second, lorsque les bulles sont
comme des perles de cristal qui roulent dans
une fontaine ; le troisième, lorsque les vagues
bondissent furieusement dans la bouilloire.
L'on fait rôtir le gâteau de thé devant le feu
jusqu'à ce qu'il devienne tendre comme le bras
d'un petit enfant, puis on le pulvérise entre
deux feuilles de papier. L'on met le sel dans
le premier bouillon, le thé dans le second ;
dans le troisième, on verse une cuiller à pot
d'eau froide pour fixer le thé et « rendre à
l'eau sa jeunesse ». Puis on emplit les tasses
et l'on boit. O nectar ! Les petites feuilles
membraneuses restent suspendues comme
des nuages écailleux dans un ciel serein ou
flottent comme des nénuphars blancs sur
un étang d'émeraude. C'est d'un tel breuvage que parlait Lotung, le poète Tang,
quand il disait : « Le première tasse humecte
ma lèvre et mon gosier, la seconde rompt ma

solitude, la troisième pénètre dans mes
entrailles et y remue des milliers d'idéogra-
phies étranges, la quatrième me procure une
légère transpiration, et tout le mauvais de
ma vie s'en va à travers mes pores ; à la cinquième tasse, je suis purifié ; la sixième
m'emporte dans le royaume des immortels.
La septième ! Ah ! la septième... mais je n'en
puis boire davantage ! Je sens seulement le
souffle du vent froid gonfler mes manches.
Où est Horaisan (1) ? Ah ! laissez-moi monter sur cette douce brise et qu'elle m'y
emporte ! »

Les autres chapitres du *Chaking* traitent
de la vulgarité des façons ordinaires de boire
le thé, de l'histoire sommaire des buveurs de
thé illustres, des plus fameuses plantations
de thé de la Chine, des variantes que l'on peut
apporter dans le service du thé, et des ustensiles nécessaires pour faire le thé ; le reste
est malheureusement perdu.

L'apparition du *Chaking* dut produire
dans son temps une sensation considérable ;
Luwuh devint le favori de l'empereur Tai-

(1) Le Paradis chinois.

sung (763-779), et sa renommée lui attira
de nombreux adeptes. L'on dit que quelques
raffinés étaient capables de discerner le thé
fait par Luwuh de celui fait par ses disciples, et l'on cite un mandarin dont le nom
est devenu immortel parce qu'il n'appré-
ciait pas le thé de ce grand maître.

Sous la dynastie Song le thé battu vint à
la mode : la seconde école de thé était créée.
L'on réduisait les feuilles en poudre dans
un petit moulin de pierre et l'on battait la
préparation dans l'eau chaude avec une fine
vergette de bambou fendu. Cette nouvelle
méthode apporta quelques modifications dans
le « service du thé » de Luwuh et, aussi,
dans le tri des feuilles. Le sel fut définitive-
ment écarté. L'enthousiasme des Chinois
du temps des Song pour le thé ne connut
pas de bornes. Les épicuriens rivalisaient
entre eux à qui découvrirait des variétés
nouvelles, et des tournois réguliers s'orga-
nisèrent pour décider de leur supériorité.
L'empereur Kiatung (1101-1124), qui était
un bien trop grand artiste pour être un bon
souverain, dissipait ses trésors pour acquérir

une nouvelle espèce de thé, plus précieuse encore. Il a écrit lui-même une dissertation sur les vingt espèces de thé ; et c'est au « thé blanc » qu'il donne le prix comme au plus rare et au plus exquis.

L'idéal du thé selon les Song diffère de celui des Tang autant que différait leur conception de la vie. Ils cherchaient à réaliser ce que leurs prédécesseurs avaient essayé de symboliser. Pour l'esprit imbu du Néo-Confucianisme, la loi cosmique ne se reflétait pas dans le monde des phénomènes, mais le monde des phénomènes était la loi cosmique elle-même. Les Eons n'étaient que des moments — le Nirvana toujours à portée. La conception taoïste que l'immortalité consiste dans le changement éternel imprégna toutes leurs façons de penser. C'était le progrès, et non l'action, qui était digne d'intérêt. C'était l'acte d'accomplir et non l'accomplissement qui était vraiment l'acte vital. Les hommes pouvaient ainsi se trouver face à face avec la nature. Un nouveau sens s'introduisit dans l'art de la vie. Le thé commença d'être non plus un passe-temps poétique, mais une méthode de réalisation personnelle. Wangyu-cheng célébra le thé qui « inondait son âme comme un appel direct, et dont la délicate amertume lui laissait l'arrière-goût d'un bon conseil ». Sotumpa vantait la force de sa pureté immaculée qui fait que le thé défie la corruption comme un homme vraiment vertueux. Parmi les Bouddhistes, la secte Zen méridionale, qui s'assimila tant de doctrines taoïstes, formula un rituel complet du thé. C'est devant une statue du Bodhi Dharma que les moines récoltaient le thé et le buvaient dans un bol unique avec tout le formalisme recueilli d'un sacrement ; et c'est de ce rituel Zen qu'est née et que s'est développée la cérémonie du thé au Japon, au quinzième siècle.

Malheureusement, la révolte soudaine des tribus mongoles, qui se produisit au treizième siècle, et qui eut pour résultat la dévastation et la conquête de la Chine sous le gouvernement barbare des empereurs Yuen, détruisit tous les fruits de la culture Song. La dynastie indigène des Ming qui, au milieu du quinzième siècle, tenta la renationalisation

de la Chine, fut harcelée par des troubles
intérieurs, et la Chine retomba, au dix-
septième siècle, sous la domination étrangère
des Mandchous. Les mœurs et les coutumes
se transformèrent au point de perdre toute
trace des époques précédentes. Le thé en
poudre est complètement oublié. L'on voit
un commentateur Ming impuissant à se rappeler quelle était la forme de la vergette à
battre le thé, telle que la décrit un des classiques Song. L'on prend alors le thé en faisant infuser les feuilles à l'eau chaude dans
un bol ou une tasse ; ce qui montre que le
monde occidental est innocent de cette vieille
façon de prendre le thé : l'Europe n'a connu
le thé qu'à la fin de la dynastie des Ming.

Pour le Chinois d'aujourd'hui, le thé est,
certes, un délicieux breuvage, mais non pas
un idéal. Les longs malheurs de son pays
lui ont enlevé le goût de la signification de
la vie. Il est devenu moderne, c'est-à-dire
vieux et désenchanté. Il a perdu cette su-
blime foi aux illusions qui constitue l'éternelle jeunesse et l'éternelle vigueur des poètes
et des anciens. Il est éclectique et accepte

poliment les traditions de l'univers. Il joue avec la Nature, mais ne condescend pas à la conquérir et à l'adorer. Sa feuille de thé est souvent merveilleuse grâce à son arome floral, mais la poésie des cérémonies Tang et Song a déserté sa tasse.

Le Japon, qui a suivi les voies de la civilisation chinoise, a connu le thé dans ses trois stages. Dès l'an 729, nous lisons que l'empereur Shomu offrit du thé à cent moines dans son palais de Nara. Les feuilles en avaient dû être importées par nos ambassadeurs à la cour Tang et préparées selon la mode d'alors. En 801 le moine Saicho en rapporta quelques graines et les planta dans le Yeisan. Dans les siècles suivants il est fait mention de plusieurs jardins de thé et du plaisir que l'aristocratie et le clergé prenaient à ce breuvage. Le thé Song nous parvint en 1191, lors du retour de Yeisaizenji qui avait été étudier l'école méridionale du Zen. L'on planta les nouvelles graines qu'il avait rapportées en trois endroits et elles y réussirent à merveille, surtout dans le district d'Uji près de Kioto, qui est encore réputé pour produire le meilleur thé du monde. Le Zen méridional s'imposa avec une merveilleuse rapidité et avec lui le rituel et l'idéal du thé des Song. Au quinzième siècle, sous le patronage du Shogun Ashikaga-Voshinasa, la cérémonie du thé est entièrement constituée et fixée dans sa forme indépendante et séculaire et, depuis, le Théisme est pleinement établi au Japon. L'usage du thé infusé de la Chine ancienne est relativement récent chez nous, n'étant connu que depuis le milieu du dix-septième siècle. Il a remplacé, dans la consommation courante, le thé en poudre, mais celui-ci n'en continue pas moins à être considéré comme le thé des thés.

C'est dans la cérémonie du thé japonaise que les idéaux du thé atteignent leur réalisation la plus haute. Notre résistance victorieuse à l'invasion mongole de 1281 nous avait rendus capables de continuer le mouvement Song si désastreusement interrompu en Chine même par les incursions nomades. Le thé devint chez nous plus qu'une idéalisation de la forme de boire : une religion de l'art de la vie. Ce breuvage devint un prétexte au culte de la pureté et du raffinement, une fonction sacrée où l'hôte et son invité s'unissaient pour réaliser à cette occasion la plus haute béatitude de la vie mondaine. La chambre de thé fut une oasis dans le triste désert de l'existence, où les voyageurs fatigués pouvaient se rencontrer et boire à la source commune de l'amour de l'art. La cérémonie fut un drame improvisé dont le plan fut tramé autour du thé, des fleurs et des soies peintes. Nulle couleur ne venait troubler la tonalité de la pièce, nul bruit ne détruisait le rythme des choses, nul geste ne gênait l'harmonie, nul mot ne rompait l'unité des alentours, tous les mouvements s'accomplissaient simplement et naturellement, — tels étaient les buts de la cérémonie du thé. Il est assez étrange qu'elle ait eu tant de succès. Une philosophie subtile y habite. Le Théisme était le Taoïsme déguisé.

III

TAOISME ET ZENNISME

 La parenté du Zennisme et du thé est proverbiale. Nous avons déjà remarqué que la cérémonie du thé était un développement du rituel Zen. Le nom de Laotsé, le fondateur du Taoïsme, est aussi lié intimement à l'histoire du thé. Il est écrit dans le manuel scolaire chinois sur l'origine des mœurs et des coutumes, que la cérémonie d'offrir le thé à un hôte date de Kwanyin, disciple bien connu de Laotsé, qui le premier, au portail du défilé de Han, présenta au « Vieux Philosophe » une coupe de l'élixir doré. Nous ne nous arrêterons pas à discuter l'authenticité de ces contes ; quoi qu'il en soit, ils confir-

ment l'usage très ancien de cette boisson par les taoïstes. L'intérêt que présente ici pour nous le Taoïsme et le Zennisme réside surtout dans les idées touchant la vie et l'art qui sont incorporées dans ce que nous appelons le Théisme.

Il est à regretter que, malgré certaines tentatives, fort estimables (1) d'ailleurs, il n'existe encore aucune présentation exacte des doctrines taoïstes et zennistes en aucune langue étrangère.

Une traduction est toujours une trahison, et, comme le remarque un auteur Ming, ne peut être, si bonne soit-elle, que l'envers d'un brocart ; tous les fils y sont, certes, mais point la subtilité de la couleur et du dessin. Mais quelle est donc la grande doctrine qui soit facile à exposer ? Les anciens sages ne mettaient jamais leurs enseignements dans une forme systématique. Ils parlaient par paradoxes, car ils craignaient de jeter dans la circulation des demi-vérités. Ils commen-

(1) Nous appellerons l'attention sur l'admirable traduction du *Taotei King* par le Dr Paul Carus (*The Open Court Publishing Company*, Chicago, 1898).

çaient par parler comme des fous et finissaient par rendre sages leurs auditeurs. Laotsé lui-même, avec son délicat humour, dit : « Quand les gens d'intelligence inférieure entendent parler du Tao, ils éclatent de rire. Il n'y aurait pas de Tao, cependant, s'ils n'en riaient. »

Littéralement, le Tao signifie le Sentier ; mais on l'a souvent traduit par le Chemin, l'Absolu, la Loi, la Nature, la Raison suprême, le Mode, termes qui, d'ailleurs, ne sont pas incorrects, étant donné que les taoïstes emploient eux-mêmes un mot différent selon l'objet essentiel de la recherche. Laotsé lui-même dit à ce propos : « Il existe une chose qui contient tout, qui est née avant que le ciel et la terre fussent. Combien silencieuse ! Combien solitaire ! Elle se tient seule et ne change pas. Elle retourne sans danger à elle-même et elle est la mère de l'univers. Comme j'ignore son nom, je l'appelle le Sentier. C'est à regret que je l'appelle l'Infini. L'Infini est le Fugitif, le Fugitif est l'Évanouissement, l'Évanouissement est le Retour. » Le Tao est dans le Passage plutôt que dans le Sentier.

C'est l'esprit du Changement Cosmique, l'éternelle croissance qui revient toujours à elle-même pour produire de nouvelles formes. Elle s'enroule sur elle-même comme le Dragon, qui est le symbole favori des taoïstes. Elle se plie et se replie comme le font les nuages. On peut entendre par le Tao la Grande Transition. Subjectivement, c'est la Manière d'être de l'Univers. Son Absolu est le Relatif.

Il faut se rappeler d'abord que le Taoïsme, tout comme son successeur légitime le Zennisme, représente l'effort individualiste de l'esprit chinois méridional en opposition avec le communisme de la Chine septentrionale qui a son expression dans le Confucianisme. L'Empire du Milieu est aussi vaste que l'Europe et ses différences d'idiosyncrasie sont définies par les deux grands systèmes fluviaux qui le traversent. Le Yangtsé-Kiang et le Hoang-Ho peuvent se comparer à la Méditerranée et à la Baltique. Même aujourd'hui, en dépit de siècles d'unification, les Célestes du sud diffèrent autant, de pensées et de croyances, de leurs frères du nord

que la race latine diffère de la germanique.
Dans les temps anciens, quand les communi-
cations étaient encore plus difficiles qu'aujourd'hui, et surtout durant la période féo-
dale, cette divergence de pensée était encore
plus prononcée. L'art et la poésie des uns
respirent une atmosphère entièrement différente de celle des autres. Chez Laotsé et
ses disciples et chez Kutsugen, le précurseur
des poètes naturistes du Yangtsé-Kiang, se
manifeste un idéalisme tout à fait incompa-
tible avec les notions morales si nettement
prosaïques des écrivains contemporains du
nord. Laotsé vivait cinq siècles avant l'ère
chrétienne.

En réalité, le germe de la spéculation
taoïste apparaît longtemps avant la venue de
Laotsé, surnommé Laotsé-aux-longues-oreil-
les. Dans les vieilles annales chinoises, particulièrement dans le *Livre des Changements*,
se pressent sa pensée. Mais le grand respect
que l'on portait aux lois et aux usages de
cette époque classique de la civilisation chinoise qui atteignit son apogée avec l'établissement de la dynastie Chow, au seizième

siècle avant Jésus-Christ, fit longtemps obstacle au progrès de l'individualisme, de sorte que ce n'est qu'après la désagrégation de la dynastie Chow et la formation d'innombrables royaumes indépendants que le Taoïsme put s'épanouir dans sa luxuriance de libre pensée. Laotsé et Soshi (Chuangtsé), qui furent les plus grands représentants de l'école nouvelle, étaient tous deux du sud. D'autre part, Confucius et ses nombreux disciples cherchaient à conserver les conventions ancestrales. L'on ne peut bien comprendre le Taoïsme si l'on ne possède quelque connaissance du Confucianisme et réciproquement.

Nous avons dit que l'Absolu taoïste était le Relatif. En éthique les taoïstes niaient les lois et les codes moraux de la société, car pour eux le bien et le mal n'étaient que des termes relatifs. Une définition est toujours une limitation : « fixe » et « immuable » ne sont que des mots signifiant un arrêt de développement. Kutsugen disait : « Les Sages remuent le monde. » Nos modèles de moralité sont nés des besoins passés de la société, mais la société demeurera-t-elle toujours la

喫茶酌酒

même ? Le respect des traditions communales comporte le sacrifice constant de l'individu à l'État. L'éducation, pour entretenir l'illusion aussi forte, encourage une espèce d'ignorance. L'on n'enseigne pas au peuple à être réellement vertueux, mais à se conduire convenablement. Nous sommes mauvais, parce que nous sommes terriblement conscients. Nous ne pardonnons jamais aux autres, parce que nous savons que nous sommes nous-mêmes fautifs. Nous entretenons notre conscience, parce que nous avons peur de dire la vérité aux autres ; nous nous réfugions dans l'orgueil, parce que nous avons peur de nous dire la vérité à nous-mêmes. Comment peut-on traiter sérieusement le monde quand le monde lui-même est si ridicule ? L'esprit de trafic est partout. L'Honneur et la Chasteté ! Voyez le marchand complaisant qui débite le Bien et le Vrai ! On peut même acheter une prétendue religion qui n'est en réalité que la moralité commune sanctifiée avec des fleurs et de la musique. Dépouillez l'Église de ses accessoires ; que reste-t-il dessous ? Cependant les espérances prospèrent à merveille, car elles sont d'un bon marché absurde : une prière en échange d'un ticket pour le ciel ; un diplôme pour un droit de cité honoraire. Cachez-vous vite sous un boisseau, car, si le monde connaissait votre utilité véritable, vous seriez vite adjugé au plus offrant par le commissaire-priseur. Pourquoi les hommes et les femmes aiment-ils tant à se faire remarquer ? N'est-ce pas un instinct qui leur vient des jours d'esclavage ?

La virilité d'une idée ne consiste pas moins dans sa puissance à se créer un passage à travers la pensée contemporaine que dans sa capacité de dominer les mouvements futurs. La puissance active du Taoïsme se manifeste durant la dynastie Shin, qui est l'époque de l'unification chinoise et d'où vient le mot Chine. Qu'il serait intéressant, si nous en avions le temps, de mettre en lumière l'influence qu'il a exercée alors sur les penseurs, les mathématiciens, les écrivains légistes et militaires, les mystiques, les alchimistes et les poètes naturistes du Yangtsé-Kiang et de tracer le portrait de ces spéculateurs de la Réalité qui se demandaient si un cheval blanc existait réellement parce qu'il était blanc ou parce qu'il était solide, et de ces Conversationnalistes des Six Dynasties qui, comme les philosophes Zen, passaient leur temps à discuter sur le Pur et l'Abstrait ! Et nous ne manquerions pas, surtout, de rendre hommage au Taoïsme pour l'influence qu'il a eue dans la formation du caractère des Célestes, à qui il a donné une certaine capacité de retenue et de raffinement aussi « chaude que le jade ». Les exemples sont nombreux, dans l'histoire de la Chine, qui montrent comment les adeptes du Taoïsme, princes et ermites par exemple, pratiquaient les préceptes de leur croyance et en tiraient des résultats diversement intéressants. Le récit, riche en anecdotes, allégories et aphorismes, n'en serait pas dénué d'une certaine dose d'instruction et d'amusement. Nous entrerions en conversation avec ce délicieux empereur qui ne mourut jamais pour la bonne raison qu'il n'a jamais vécu. Nous monterions à cheval sur le vent avec Liehtsé et trouverions cela tout à fait reposant, étant donné que c'est nous qui serions le vent ; nous séjournerions au milieu de l'air avec le vieillard du Hoang-Ho, qui vivait entre le ciel et la terre à cause qu'il n'était sujet ni de l'un ni de l'autre. Dans l'apologie grotesque elle-même du Taoïsme qu'offre la Chine actuelle, nous trouverions une mine de traits comiques dont aucune religion ne possède l'équivalent.

Mais c'est dans le domaine de l'esthétique que l'action du Taoïsme sur la vie asiatique a été la plus forte. Les historiens chinois ont toujours considéré le Taoïsme comme « l'art d'être au monde », car il a trait au présent, c'est-à-dire à nous-mêmes. C'est en nous que Dieu se rencontre avec la Nature et que hier est distinct de demain. Le Présent est l'Infini en mouvement, la sphère légitime du Relatif. La Relativité cherche l'Adaptation ; l'Adaptation, c'est l'Art. L'art de la vie consiste en une réadaptation constante au milieu. Le taoïste accepte le monde tel qu'il est et, contrairement aux confucianistes et aux bouddhistes, s'efforce de trouver de la beauté dans notre monde de malheur et de tracas. L'allégorie Song des Trois Dégustateurs de Vinaigre explique admirablement la tendance des trois doctrines. Çakyamouni, Confucius et Laotsé se trouvaient réunis un jour devant une jarre de vinaigre, — emblème de la vie, — et chacun y trempait son doigt pour y goûter. Confucius le trouva aigre, le Bouddha le trouva amer, Laotsé le trouva doux.

Les taoïstes prétendaient que la comédie de la vie pourrait devenir infiniment plus intéressante si chacun gardait le sens de l'unité. Selon eux, conserver leur proportion aux choses et faire de la place aux autres sans perdre la sienne, c'est le secret du succès dans le drame de la vie. Pour bien jouer notre rôle, il est nécessaire que nous connaissions toute la pièce ; la conception de la totalité ne doit jamais se perdre dans celle de l'individualité. Et Laotsé le démontre par sa métaphore favorite du vide. Ce n'est que dans le vide, prétendait-il, que réside ce qui est vraiment essentiel. L'on trouvera, par exemple, la réalité d'une chambre dans l'espace libre clos par le toit et les murs, non dans le toit et les murs eux-mêmes. L'utilité d'une cruche à eau réside dans le vide où l'on peut mettre l'eau, non dans la forme de la cruche ou la matière dont elle est faite. Le vide est tout-puissant parce qu'il peut tout contenir. Dans le vide seul le mouvement devient possible. Celui qui pourrait faire de soi-même un vide où les autres pourraient librement pénétrer deviendrait maître de toutes les situations. Le tout peut toujours dominer la partie.

Ces idées taoïstes ont eu une très grande influence sur nos théories de l'action, même sur l'escrime et la lutte. Le jiu-jitsu, l'art japonais de la défense personnelle, doit son nom à un passage du *Tao-teiking*. Dans le jiu-jitsu, l'on s'efforce d'attirer et d'aspirer la force de l'adversaire par la non-résistance, c'est-à-dire le vide, tout en conservant sa propre force pour la lutte finale. Appliqué à l'art, ce principe essentiel se démontre par la valeur de la suggestion. En ne disant pas tout, l'artiste laisse au spectateur l'occasion de compléter son idée et c'est ainsi qu'un grand chef-d'œuvre retient irrésistiblement notre attention jusqu'à ce que nous croyions momentanément faire partie de lui. Il y a là un vide où nous pouvons pénétrer et que nous pouvons remplir de la mesure entière de notre émotion artistique.

Celui qui avait fait de soi un maître de l'art de la vie était pour le taoïste l'Homme Véritable. Dès sa naissance, il entre dans le royaume des rêves pour ne s'éveiller à la réalité qu'au moment de sa mort. Il atténue son propre éclat pour pouvoir se plonger lui-même dans l'obscurité des autres. « Il est hésitant comme quelqu'un qui traverse une rivière en hiver ; indécis comme quelqu'un qui a peur de ses voisins ; respectueux comme un invité ; tremblant comme la glace qui est sur le point de fondre ; simple comme un morceau de bois pas encore sculpté ; vide comme une vallée ; informe comme une eau troublée. » Les trois perles de la vie sont pour lui la Pitié, l'Économie et la Modestie.

Si nous revenons à présent au Zennisme, nous verrons d'abord qu'il renforce les enseignements du Taoïsme. Zen est un mot dérivé du mot sanscrit *Dhyana*, qui signifie méditation. Le Zennisme prétend que l'on peut atteindre par la méditation sacrée à la réalisation suprême de soi. La méditation est une des victoires qui conduisent à l'état du Bouddha et les zennistes affirment que Çakyamouni insistait tout particulièrement sur cette méthode dans ses dernières prédications et qu'il en avait transmis les règles à son disciple favori Kashiapa. Selon leur tradition, Kashiapa, le premier patriarche Zen, en aurait confié le secret à Ananda, qui, à son tour, l'aurait transmis successivement à des patriarches jusqu'au vingt-huitième, Bodhi-Dharma. Bodhi-Dharma vint dans la Chine du nord durant la première moitié du sixième siècle et fut le premier patriarche Zen chinois. Il plane quelque incertitude sur l'histoire de ces patriarches et sur leurs doctrines. Philosophiquement, le Zennisme primitif paraît avoir des affinités, d'une part, avec le négativisme hindou de Nagarjuna et, d'autre part, avec la philosophie Gnan que formula Sancharacharya. L'on attribue les premières prédications Zen au sixième patriarche chinois Yéno (637-713), fondateur du Zen méridional, ainsi nommé à cause de sa prédominance dans la Chine du sud. Il fut immédiatement suivi par le grand Baso (mort en 788) qui fit du Zen une influence vraiment vivante dans la vie chinoise. Hiakujo (719-814), disciple de Baso, fonda le premier monastère Zen et en établit la règle et le rituel. Dans les discussions de l'école Zen après Baso se manifeste l'esprit du Yangtsé-Kiang, avec ses façons naturistes de penser, si différentes du précédent idéalisme hindou. Bien que l'orgueil sectaire prétende le contraire, on ne peut s'empêcher d'être frappé de la similitude du Zen méridional et des doctrines de Laotsé et des Conversationnalistes taoïstes. Le *Tao-teiking* contient des allusions à l'importance de la concentration en soi et à la nécessité de régler convenablement sa respiration, points essentiels dans la pratique de la méditation Zen ; d'ailleurs, les meilleurs commentaires qui existent sur le livre de Laotsé ont été écrits par des savants Zen.

Le Zennisme, comme le Taoïsme, est le

culte du Relatif. Un maître définit le Zen l'art de percevoir l'étoile polaire dans le ciel méridional. La vérité ne peut s'atteindre que par la compréhension des contraires. Comme le Taoïsme, le Zennisme est aussi un défenseur acharné de l'individualisme. Rien n'a de réalité que ce qui concerne les opérations de notre propre esprit. Yéno, le sixième patriarche, vit un jour deux moines qui regardaient le drapeau d'une pagode flotter au vent. L'un dit : « C'est le vent qui le met en mouvement » ; l'autre dit : « C'est le drapeau lui-même qui se meut » ; mais Yéno leur expliqua que le mouvement réel ne venait ni du vent, ni du drapeau, mais de quelque chose qui était dans leur esprit.

Hiakujo se promenait dans une forêt avec un de ses disciples quand un lièvre s'enfuit à leur approche.

— Pourquoi ce lièvre nous fuit-il ? demanda Hiakujo.

— Parce qu'il a peur de moi, lui fut-il répondu.

— Non, dit le maître, c'est parce que nous avons des instincts meurtriers.

Ces propos rappellent ceux du taoïste Soshi (Chauntsé). Soshi se promenait un jour au bord d'une rivière avec un ami.

— Comme les poissons se plaisent dans l'eau ! s'écria Soshi.

Son ami lui dit :

— Vous n'êtes pas poisson ; comment savez-vous que les poissons se plaisent dans l'eau ?

— Vous n'êtes pas moi-même ! répliqua Soshi. Comment savez-vous que je ne sais pas que les poissons se plaisent dans l'eau ?

Le Zen a souvent été opposé au bouddhisme orthodoxe, comme le Taoïsme au Confucianisme. Pour pénétrer l'enseignement transcendantal du Zen, les mots ne font que gêner la pensée ; la masse entière des écritures bouddhistes ne sont que des commentaires sur la spéculation personnelle. Les adeptes du Zen avaient en vue la communion directe avec la nature intime des choses et ne considéraient les accessoires extérieurs que comme des obstacles à une perception claire de la vérité. C'est l'amour de l'Abstrait qui poussait le Zen à préférer les esquisses en blanc et noir aux peintures soigneusement exécutées de l'école bouddhiste classique. Pour avoir cherché à reconnaître le Bouddha en eux-mêmes plutôt que dans les images et les symboles, certains adeptes du Zen devinrent iconoclastes. Voici Tankawosho qui brise, un jour d'hiver, une statue en bois de Bouddha pour faire du feu.

— Quel sacrilège ! s'écrie un spectateur frappé d'épouvante.

— J'extrairai de ses cendres les *Shali* (1) qu'elle contient, répondit tranquillement le Zen.

— Mais vous ne trouverez certainement pas de *Shali* dans cette statue !

A quoi Tanka de répliquer :

— Eh bien ! c'est que ce n'est certainement pas un Bouddha et, dans ce cas, je ne commets aucun sacrilège !

Et il se tourna vers le feu flambant pour se bien chauffer.

(1) Les pierres précieuses qui se forment dans le corps des Bouddhas après la crémation.

Le Zen apporta enfin à la pensée orientale la notion que l'importance du temporel est égale à celle du spirituel et que, dans les rapports supérieurs des choses, il n'y a pas de différence entre les petites et les grandes : un atome est doué de possibilités égales à celles de l'univers. Celui qui cherche la perfection peut trouver dans sa propre vie le reflet de la lumière intérieure. Rien de plus significatif à cet égard que la règle d'un monastère Zen. A chaque membre, l'abbé excepté, était assignée une tâche spéciale dans l'entretien du monastère et, chose étrange, c'était aux novices qu'incombaient les fonctions les plus légères, tandis que l'on réservait les plus fatigantes et les plus humbles aux moines les plus respectés et les plus avancés en perfection. Ces obligations faisaient partie de la discipline Zen et il fallait que la moindre action fût accomplie avec une perfection absolue. Que de graves discussions durent s'élever ainsi en sarclant le jardin, en raclant les navets, en servant le thé ! L'idéal entier du Théisme est l'aboutissement de la conception Zen touchant la grandeur que comportent les plus petits incidents de la vie. Le Taoïsme a fourni la base des idéaux esthétiques, le Zennisme les a rendus pratiques.

IV

LA CHAMBRE DE THÉ

 Aux yeux des architectes européens élevés dans les traditions de l'architecture de pierre et de brique, notre manière de bâtir avec du bois et du bambou peut paraître indigne d'être considérée comme une architecture. Ce n'est, aussi, que tout récemment qu'un expert en architecture occidentale a rendu hommage à la perfection remarquable de nos grands temples (1). S'il en est ainsi en ce qui concerne notre architecture classique, comment pouvons-nous espérer que les étrangers apprécient la subtile beauté de la Chambre de thé, étant donné

(1) Ralph N. Cram, dans ses *Impressions sur l'architecture japonaise.* New-York, The Baker and Taylor C°, 1905.

6

que ses principes constructifs et sa décoration sont entièrement différents de ceux de l'Occident ?

La Chambre de thé (le Sukiya) ne prétend pas être autre chose qu'une simple maison de paysan, — une hutte de paille, comme nous l'appelons. Les caractères idéographiques originaux du Sukiya signifient la Maison de la Fantaisie. Dans la suite, les divers maîtres de thé y substituèrent divers caractères chinois, selon leur conception personnelle de la Chambre de thé, de sorte que le terme Sukiya peut signifier aussi la Maison du Vide ou la Maison de l'Asymétrique. C'est, en effet, la Maison de la Fantaisie en ce qu'elle n'est qu'une construction éphémère, bâtie pour servir d'asile à une impulsion poétique. C'est aussi la Maison du Vide en ce qu'elle est dénuée d'ornementation et que l'on peut, par suite, d'autant plus librement, n'y placer que de quoi satisfaire un caprice esthétique passager. C'est, enfin, la Maison de l'Asymétrique en ce qu'elle est consacrée au culte de l'Imparfait, et qu'on y laisse toujours, volontairement, quelque chose d'inachevé que les jeux de l'imagination achèvent à leur gré. Les idéaux du Théisme ont exercé sur notre architecture, depuis le seizième siècle, une si grande influence que les intérieurs ordinaires japonais d'aujourd'hui font l'effet aux étrangers d'être presque vides, à cause de la simplicité extrême et de la pureté de leur système de décoration.

La création de la première Chambre de thé isolée est due à Senno-Soyeki, généralement connu sous son dernier nom de Rikiu, le plus grand des maîtres de thé. C'est lui qui, au seizième siècle, sous le patronage de Taiko-Hideyoshi, institua les formalités de la cérémonie du thé et les porta à leur plus haut degré de perfection. Les proportions de la Chambre de thé avaient été auparavant déterminées par un fameux maître de thé du quinzième siècle, nommé Jowo. La Chambre de thé primitive n'était simplement, d'abord, qu'une partie d'un salon ordinaire séparée du reste de la pièce par des paravents. La partie ainsi séparée prit le nom de Kakoi (enclos), nom que l'on donne

encore aux Chambres de thé faisant partie
d'une maison et qui ne sont pas des constructions indépendantes. Mais revenons au
Sukiya. Le Sukiya se compose d'abord de la
Chambre de thé proprement dite, destinée à
ne pas recevoir plus de cinq personnes,
nombre qui rappelle le dicton : « plus que les
Grâces et moins que les Muses » ; puis d'une
antichambre (midsuya) où l'on lave et pré-
pare les ustensiles nécessaires au service du
thé avant de les porter dans la Chambre de
thé ; d'un portique (machiai) où les invités
attendent qu'on les convie à pénétrer dans
la Chambre de thé et d'une allée (le roji) qui
rejoint le portique à la Chambre de thé. La
Chambre de thé est d'apparence tout à fait
ordinaire. Elle est plus petite que les maisons japonaises les plus petites, et les matériaux dont elle est bâtie sont destinés à donner l'impression de la pauvreté raffinée.
N'oublions pas, cependant, que tout cela est
le résultat d'une préméditation artistique
profonde, et que tous les détails ont été exécutés avec encore plus de soin que l'on n'en
met à construire les palais et les temples les

plus somptueux. Une bonne Chambre de thé coûte plus cher qu'une habitation ordinaire, car le choix, aussi bien que la mise en œuvre des matériaux qui la composent, exigent un soin et une précision infinis ; de sorte que les charpentiers employés par les maîtres de thé forment une classe d'artisans à part et particulièrement distingués dont les œuvres ne sont ni moins délicates ni moins précieuses que celles des fabricants de meubles de laque.

Ainsi, la Chambre de thé ne diffère pas seulement, à tous les points de vue, des productions architecturales de l'Occident, mais encore, et non moins nettement, de l'architecture japonaise classique elle-même. Nos anciens édifices nobles, soit civils soit religieux, ne sont nullement à dédaigner, même si on les considère au seul point de vue de leurs proportions. Le peu qui en a été épargné à travers les conflagrations désastreuses des siècles est encore capable de nous en imposer par sa grandeur et sa richesse de décoration. De puissants piliers de bois de deux à trois pieds de diamètre et de trente à

quarante pieds de hauteur supportaient,
grâce à un réseau compliqué de consoles,
d'énormes poutres qui gémissaient sous le
poids des toits obliques couverts de tuiles.
Si ces matériaux et ce mode de construction
offraient peu de résistance à l'incendie, ils
se sont prouvés, en revanche, assez forts
contre les tremblements de terre ; ils étaient
donc parfaitement appropriés aux conditions
climatériques du pays. La Salle Dorée d'Ho-
riuji et la pagode de Yakushiji témoignent
magnifiquement de la puissance de durée de
notre architecture de bois ; pratiquement, ces
édifices sont demeurés intacts après douze
siècles d'existence. L'on décorait à profusion l'intérieur des vieux temples et des
palais, et il existe encore dans le temple
Hoodo, à Uji, qui date du dixième siècle, un
dais et des baldaquins dorés du travail le
plus riche, étincelants de mille couleurs,
incrustés de miroirs et de nacres, et des
restes de peintures et de sculptures qui cou-
vraient autrefois les murs. Plus tard, à
Nikko et dans le château de Nijo à Kyoto,
nous constaterons de même que la beauté

architecturale a été complètement sacrifiée au bénéfice d'une ornementation qui, par ses détails exquis et ses colorations, égale l'extrême somptuosité des créations arabes ou mauresques.

La simplicité et le purisme de la Chambre de thé est le résultat de l'émulation inspirée par les monastères Zen. Un monastère Zen diffère de ceux des autres sectes bouddhistes en ce qu'il est avant tout destiné à être une habitation monastique. Sa chapelle n'a rien d'un lieu de religion ou de pèlerinage ; c'est une salle de collège où les étudiants se réunissent pour discuter et méditer. Elle n'a pour ornement qu'une alcôve centrale derrière l'autel de laquelle se dresse une statue de Bodhi Dharma, fondateur de la secte, ou de Çakyamouni entouré de Kaphiapa et d'Ananda, les deux premiers patriarches Zen. Sur l'autel, des fleurs et de l'encens, comme offrandes à la mémoire des grands services que ces deux sages ont rendus au Zen. Nous avons déjà dit que c'est au rituel institué par les moines Zen, de boire successivement le thé dans un bol, devant l'image de Bodhi

Dharma, qu'est due la fondation de la cérémonie du thé. Il faut ajouter que l'autel de la chapelle Zen fut le prototype du Tokonoma qui est la place d'honneur de la maison japonaise, l'endroit où l'on dispose les peintures et les fleurs pour l'édification des invités.

Tous nos grands maîtres de thé furent des adeptes du Zen et ils s'efforcèrent d'introduire dans les choses actuelles de la vie l'esprit du Zennisme. Aussi la Chambre de thé et tous les objets nécessaires à la cérémonie du thé sont-ils comme le reflet des doctrines Zen. La dimension de la Chambre de thé orthodoxe, qui est de quatre nattes et demie ou dix pieds carrés, est déterminée par un passage du Sutra de Vikramadytia. Dans cet ouvrage si intéressant, Vikramadytia reçoit un jour le saint Manjushiri et quatre-vingt-quatre mille disciples du Bouddha dans une salle de cette dimension, — allégorie basée sur la théorie de la non-existence de l'espace pour les vrais illuminés. D'autre part, le roji, l'allée qui traverse le jardin et conduit du portique à la Chambre de thé, symbolise le

premier stage de la méditation, le passage dans l'auto-illumination. Le roji était destiné à rompre tout lien avec le monde extérieur et à préparer le visiteur, par une sensation de fraîcheur, aux pures joies esthétiques qui l'attendent dans la Chambre de thé elle-même. Quiconque a foulé le sol de l'allée qui traverse le jardin ne peut manquer de se rappeler combien son esprit s'élevait au-dessus des pensées ordinaires, tandis qu'il marchait dans la pénombre crépusculaire des arbres à feuilles toujours vertes, sur les irrégularités régulières des cailloux fraîche-ment arrosés, au-dessous desquelles s'étend une couche d'aiguilles de pin séchées, et qu'il passait près des lanternes de granit couvertes de mousse. Il se peut que l'on se trouve au milieu même d'une ville, et cepen-dant l'on éprouve la sensation d'être dans une forêt, loin de la poussière et du bruit de la civilisation. Oui, l'ingéniosité était grande que dépensèrent les maîtres de thé pour arriver à produire ces impressions de séré-nité et de pureté. La nature des sensations que réveillait le passage à travers le roji différait, par exemple, selon les maîtres de thé. Certains, comme Rikiu, visaient à un effet de solitude complète, et prétendaient que le secret pour faire un roji était enfermé dans cette vieille chanson :

> *Je regarde au delà ;*
> *Il n'y a point de fleurs*
> *Ni de feuilles colorées.*
> *Sur le bord de la mer*
> *Il y a, solitaire, une maison de paysan,*
> *Parmi la lumière défaillante*
> *D'un soir d'automne.*

D'autres, comme Kobori-Enshiu, cherchaient des effets différents. Enshiu disait que l'on pouvait trouver, dans les vers suivants, l'idée d'un roji :

> *Un bouquet d'arbres, l'été,*
> *Un morceau de mer,*
> *Une pâle lune du soir.*

Le sens de ces mots est aisé à saisir. Il rêvait de suggérer l'état d'une âme à peine réveillée, qui erre encore parmi les rêves brumeux du passé, qui est encore plongée dans la suave inconscience d'une mélodieuse lumière spirituelle et aspire à la liberté qu'elle sent habiter hors d'elle-même, au delà.

Ainsi préparé, l'invité s'approchera silencieusement du sanctuaire et, si c'est un Samouraï, laissera son sabre au râtelier placé sous les solives, car la Chambre de thé est avant tout la maison de la paix. Après quoi il se courbera et se glissera à l'intérieur de la chambre par une petite porte pas plus haute que de trois pieds. Cette obligation, qui incombait à tous les invités, — à quelque classe sociale qu'ils appartinssent, — avait pour but de leur inculquer l'humilité.

L'ordre de préséance ayant été fixé par un accord mutuel entre les invités, durant leur halte sous le portique, ils entreront un à un, sans bruit, et, après avoir salué la peinture ou l'arrangement floral qui orne le tokonoma, s'installeront à leurs places. L'hôte, lui, n'entre dans la pièce que lorsque tous ses invités sont assis et que la tranquillité y règne, tranquillité dont rien ne trouble le délicieux silence, si ce n'est la musique de l'eau qui bout dans la bouilloire de fer. La bouilloire chante bien, car l'on a pris soin de disposer, au fond, des morceaux de fer, de façon à produire une mélodie particulière où l'on peut entendre les échos, assourdis par les nuages, d'une cataracte, ou d'une mer lointaine qui se brise contre les rochers, ou d'une averse balayant une forêt de bambous, ou les soupirs des pins sur une colline lointaine.

Même en plein jour, la lumière est toujours amortie dans la pièce, car les avancées du toit en pente n'y laissent pénétrer qu'à peine les rayons du soleil. Tout est de tonalité sobre, du sol au plafond ; les invités eux-mêmes ont soigneusement choisi des vêtements de couleurs discrètes. La patine des temps est sur tous les objets, car rien de ce qui pourrait faire songer à une acquisition récente n'est admis ici, à l'exception de la longue cuiller de bambou et de la serviette de toile qui doivent être d'une blancheur immaculée et neuves. Si usagés que soient la Chambre de thé et les ustensiles du thé, tout y est d'une propreté absolue ; il ne faut pas que l'on puisse trouver, même dans le coin le plus obscur, un seul grain de poussière ; ou bien, c'est que l'hôte n'est pas un maître de thé. Une des qualités premières du maître de thé, c'est de savoir balayer, nettoyer et laver, car il y a vraiment de l'art dans la propreté et la netteté, et l'on ne doit pas s'attaquer à un objet ancien de métal avec l'ardeur inconsidérée d'une ménagère hollandaise.

Il existe, à ce propos, une histoire de Rikiu qui met fort pittoresquement en lumière les idées de propreté chères aux maîtres de thé. Rikiu était en train de regarder son fils Shoan qui balayait et arrosait l'allée à travers le jardin. « Pas encore assez propre », dit Rikiu, quand Shoan eut fini sa tâche; et il lui ordonna de la recommencer. Après une heure de travail, le jeune homme se tourna vers Rikiu : « Père, dit-il, il n'y a plus rien à faire. J'ai lavé trois fois les marches, j'ai versé de l'eau sur les lanternes de pierre et sur les arbres ; la mousse et les lichens brillent d'un vert tout frais ; et je n'ai pas laissé sur le sol une brindille ni une feuille. » — « Jeune fou, gronda le maître de thé, ce n'est pas ainsi qu'une allée doit être balayée. » Et, disant ces mots, Rikiu descendit dans le jardin, secoua un arbre et répandit partout des feuilles d'or et de pourpre, bribes du manteau de brocart de l'automne ! Ce que Rikiu exigeait, ce n'était pas seulement de la propreté, mais encore de la beauté et du naturel.

Le nom que l'on donne encore à la Chambre de thé, la Maison de la Fantaisie, implique une structure destinée à satisfaire des exigences artistiques personnelles. La Chambre de thé est faite pour le maître de thé et non pas le maître de thé pour la Chambre de thé. Elle n'est pas destinée à la postérité et est, par suite, éphémère. L'idée que chacun doit avoir sa maison à soi est basée sur une des coutumes les plus anciennes de la race japonaise : la superstition Shinto ordonne, en effet, que toute habitation soit évacuée à la mort de son principal occupant. Il se peut que soit intervenue dans l'établissement de cet usage quelque raison d'hygiène ; une autre vieille coutume voulait aussi que chaque nouveau couple habitât une maison neuve. Ainsi s'explique que les capitales impériales aient été si souvent dans les temps anciens transportées d'un endroit à un autre. La reconstruction, tous les vingt ans, du temple Isé, le sanctuaire suprême de la Divinité Solaire, est encore de nos jours une survivance de ces rites séculaires. Il va de soi que l'observation de ces coutumes n'était possible que grâce à une forme de construction comme celle que nous fournissait notre système d'architecture en bois, aussi facile à construire qu'à démolir. Une méthode de bâtir plus durable, comportant l'emploi de la brique et de la pierre, aurait rendu ces migrations impossibles, ce qui eut lieu d'ailleurs quand, après la période de Nara, nous adoptâmes les modes de constructions en bois plus massives et plus stables de la Chine.

Mais voici qu'au quinzième siècle, grâce à la prédominance de l'individualisme Zen, cette vieille idée se pénétra d'un sens plus profond en ce qui concerne la Chambre de thé. Le Zennisme, d'accord avec la théorie bouddhiste de l'anéantissement et ses efforts pour établir la domination de l'esprit sur la matière, ne considéra la maison que comme le refuge temporaire du corps. Le corps lui-même n'était plus qu'une hutte dans une solitude, un léger abri fait avec les herbes qui poussaient aux alentours et qui, sitôt qu'elles n'étaient plus liées ensemble, se dissolvaient dans le néant originel. Ainsi, dans la Chambre de thé, la fugacité des choses se trouve suggérée par le toit de chaume, leur fragilité par les piliers grêles, leur légèreté par les poteaux de bambou, leur apparente insouciance par l'emploi de matériaux ordinaires. Quant à l'éternité, elle réside uniquement dans l'esprit qui, en s'incarnant dans ces simples choses, les embellit de la subtile lumière de son raffinement.

Que la Chambre de thé soit bâtie pour s'adapter à un goût individuel est une application singulièrement puissante du principe de la vitalité dans l'art. L'art, pour avoir tout son prix, doit être en conformité avec la vie contemporaine. Certes, il ne s'agit point d'ignorer les droits de la postérité, mais nous devons chercher à jouir le plus possible du présent. Il ne s'agit pas non plus de dédaigner les créations du passé, mais nous devons essayer de nous les assimiler dans notre conscience même. Une conformité servile aux traditions et aux formules entrave l'expression de l'individualité en architecture, et l'on ne peut que déplorer ces froides imitations des édifices européens que l'on voit aujourd'hui au Japon. Il est surprenant que, chez les nations les plus capables de progrès de l'Occident, l'architecture soit si dénuée d'originalité, si encombrée de répétitions des styles surannés. Peut-être, en attendant la venue de quelque souverain, fondateur d'une nouvelle dynastie, l'art traverse-t-il une période de démocratisation. Aimons davantage encore les anciens, mais copions-les moins ! L'on a dit que les Grecs avaient été grands parce qu'ils n'avaient rien tiré des anciens.

L'autre nom que l'on donne à la Chambre de thé, la Maison du Vide, outre qu'il renferme la théorie taoïste du Contenant-tout, implique la conception d'un besoin continuel de changement dans les motifs décoratifs.

La Chambre de thé est absolument vide, je le répète, sauf quant à ce qui peut y être placé temporairement pour satisfaire quelque fantaisie esthétique. L'on y apporte, à l'occasion, un objet d'art particulier et l'on y choisit et dispose tout en vue de faire valoir la beauté du thème principal. Songerait-on à écouter en même temps plusieurs morceaux de musique ? La compréhension réelle du beau n'est-elle pas impossible si elle ne se concentre autour d'un motif central ? L'on voit ainsi que le système de décoration de nos Chambres de thé est nettement l'opposé de ce qui se pratique en Occident, où l'on convertit si souvent en musée l'intérieur d'une maison. Aussi, pour un Japonais habitué à la simplicité ornementale et aux changements de décor fréquents, un intérieur occidental rempli, de façon permanente, d'un amas de tableaux, de sculptures et d'objets anciens de toutes les époques, donne-t-il l'impression vulgaire d'un simple étalage de richesse. Il faut en vérité une extraordinaire faculté d'enthousiasme critique pour jouir de la vue constante même d'un chef-d'œuvre, et l'on peut supposer doués d'une capacité sans limites de sens artistique ceux qui peuvent vivre journellement au milieu d'une confusion de couleurs et de formes comme on en voit fréquemment dans les maisons d'Europe et d'Amérique.

Le nom de Maison de l'Asymétrique symbolise enfin une autre phase de notre système décoratif. Les critiques occidentaux ont écrit maints commentaires sur l'absence de symétrie qui caractérise les objets d'art japonais. C'est là, encore, un résultat de l'élaboration des idéaux taoïstes à travers le Zennisme. Le Confucianisme, avec son idée profondément enracinée du dualisme, et le Bouddhisme du Nord avec son culte trinitaire, ne s'opposaient en aucune façon à l'expression de la symétrie. Si nous étudions, par exemple, les bronzes anciens de la Chine ou les arts religieux de la dynastie Tang et de la période Nara, nous y découvrirons une recherche constante de la symétrie. La décoration de nos intérieurs classiques est nettement régulière. La conception taoïste et Zen de la perfection était, cependant, différente.

La nature dynamique de leur philosophie attachait plus d'importance à la façon de chercher la perfection qu'à la perfection elle-même. La véritable beauté, seul peut la découvrir celui qui mentalement a complété l'incomplet. La virilité de la vie et de l'art réside dans ses possibilités de développement. Dans la Chambre de thé il appartient à chaque invité de compléter par l'imagination, selon ses goûts personnels, l'effet de l'ensemble. Depuis que le Zennisme est devenu le mode de penser qui a prévalu, l'art de l'Extrême-Orient a délibérément évité le symétrique parce qu'il exprimait non seulement l'idée du complet, mais la répétition. L'uniformité du dessin fut considérée comme fatale à la fraîcheur de l'imagination. Aussi les paysages, les oiseaux et les fleurs sont-ils devenus les sujets favoris de la peinture plutôt que la figure humaine, dont la présence est constituée par la personne de qui la regarde. L'on se met trop en évidence et, en dépit de notre vanité, l'on se lasse vite de se regarder soi-même.

Dans la Chambre de thé la peur des redites est toujours présente. Les divers objets qui participent à la décoration d'une pièce devraient être choisis de façon qu'aucune couleur ni aucun dessin n'y fût répété. Si vous y mettez une fleur vivante, tout tableau de fleur, est, de ce fait même, interdit. Si vous vous servez d'une bouilloire ronde, que le pot à eau soit angulaire. Une tasse d'émail noir ne devrait jamais voisiner avec une boîte à thé de laque noir. En plaçant un vase sur un brûle-encens, sur le tokonoma, prenez bien soin de ne pas le mettre au centre même, de peur de séparer l'espace en deux parties égales. Le pilier du tokonoma sera fait d'un autre bois que les autres piliers, afin d'éviter dans la pièce toute impression de monotonie.

La méthode de décoration intérieure japonaise diffère encore de celle qui est en faveur en Occident, où l'on voit les objets disposés symétriquement sur les cheminées et ailleurs. Il nous arrive souvent, dans les maisons occidentales, de nous trouver en présence de choses qui nous font, à nous autres, l'effet de répétitions inutiles. Nous voici, par exemple, en train de causer avec un homme dont le portrait, de grandeur naturelle, nous regarde de derrière son dos. Nous nous demandons lequel est réel, du portrait ou de celui qui parle, et nous avons la conviction étrange que l'un des deux doit être faux. Que de fois nous sommes-nous trouvés, assis à dîner, forcés de contempler, non sans inquiétude pour notre digestion, les figurations de l'abondance dont il est de mode d'orner les murs des salles à manger ! Pourquoi ces tableaux de chasse et de sport, ces fruits et ces poissons sculptés ? Pourquoi cet étalage d'argenterie de famille, qui nous rappelle ceux qui ont dîné à cette table et qui sont morts ?

La simplicité de la Chambre de thé et son manque absolu de vulgarité en font un vrai sanctuaire contre les vexations du monde extérieur. Là, et là seulement, l'on peut se consacrer sans trouble à l'adoration du beau. Au seizième siècle, la Chambre de thé offrit aux fiers guerriers et aux hommes d'État qui travaillaient à l'unification et à la reconstruction du Japon de belles heures de répit au milieu de leurs durs labeurs. Au dix-septième siècle, après que se fut imposé le strict formalisme de la règle Tokugawa, elle constitua pour les âmes artistes la seule occasion possible de communion libre. En présence d'une grande œuvre d'art il n'y a point de différence entre le daïmio, le samouraï et l'homme du peuple. L'industrialisme rend aujourd'hui, par le monde entier, tout vrai raffinement de plus en plus difficile. Plus que jamais, nous avons besoin de Chambres de thé !

V

DU SENS DE L'ART

Connaissez-vous le conte taoïs-
te de la *Harpe apprivoisée ?*
Dans le ravin de Lungmen
se dressait autrefois, il y a très,
très longtemps, un arbre Kiri
qui était le véritable roi de la
forêt. Il portait si haut la tête
qu'il pouvait converser avec les étoiles et
ses racines s'enfonçaient si profondément
dans la terre qu'elles mêlaient leurs anneaux
de bronze à ceux du dragon d'argent qui
dormait au-dessous de lui. Et il arriva
qu'un puissant magicien fit de cet arbre
une harpe merveilleuse, dont le farou-
che esprit ne pourrait être apprivoisé que
par le plus grand des musiciens. Durant

longtemps l'instrument fit partie du trésor de l'empereur de Chine, mais aucun de ceux qui, tour à tour, avaient essayé de tirer de ses cordes une mélodie ne vit sa tentative couronnée de succès. En réponse à leurs efforts suprêmes il ne sortait de la harpe que de dures notes de dédain, peu en harmonie avec les chants qu'ils désiraient chanter. La harpe se refusait à reconnaître un maître.

Enfin vint Peiwoh, le prince des harpistes. D'une main délicate il caressa la harpe, comme lorsque l'on cherche à calmer un cheval rétif, et se mit à toucher doucement les cordes. Il chanta la nature et les saisons, les hautes montagnes et les eaux courantes; et tous les souvenirs de l'arbre se réveillèrent. De nouveau la douce brise du printemps se joua à travers les branches. Les jeunes cataractes, en dansant dans le ravin, souriaient aux fleurs en bouton. De nouveau l'on entendit les voix rêveuses de l'été avec leurs myriades d'insectes, et le joli battement de la pluie, et la plainte du coucou. Écoutez ! un tigre a rugi et l'écho de la vallée lui répond. C'est l'automne ; dans la nuit déserte, tran-

chante comme une épée, la lune étincelle sur
l'herbe gelée. L'hiver, maintenant, règne et
à travers l'air plein de neige tourbillonnent
des vols de cygnes, et des grêlons sonores
frappent les branches avec une joie sauvage.

Puis Peiwoh changea de ton et chanta
l'amour. La forêt s'inclina comme un ardent
jeune homme perdu dans ses pensées. Là-
haut, pareil à une altière jeune fille, volait
un beau nuage éclatant ; mais son passage
traînait sur le sol de longues ombres, noires
comme le désespoir. Le ton changea encore ;
Peiwoh chanta la guerre, les épées qui s'en-
tre-choquent et les chevaux qui piaffent. Et
dans la harpe se leva la tempête de Lungmen ;
le dragon chevauchait l'éclair, l'avalanche
s'écroulait à travers les collines avec un bruit
de tonnerre. Le monarque Céleste, extasié,
demanda à Peiwoh quel était le secret de sa
victoire. « Sire, répondit-il, ils ont tous
échoué, parce qu'ils ne chantaient qu'eux-
mêmes. J'ai laissé la harpe choisir son thème,
et en vérité je ne savais pas si c'était la harpe
qui était Peiwoh ou Peiwoh qui était la
harpe. »

Ce conte montre combien le sens de l'art est chose mystérieuse. Un chef-d'œuvre est une symphonie jouée avec nos sentiments les plus raffinés. L'art vrai, c'est Peiwoh et nous sommes la harpe de Lungmen. Au contact magique du beau, les cordes secrètes de notre être se réveillent ; en réponse à son appel, nous vibrons et nous tressaillons. L'esprit parle à l'esprit. Nous entendons ce qui n'a pas été dit, nous contemplons l'invisible. Le maître fait jaillir des notes, nous ne savons d'où. Des souvenirs, depuis longtemps oubliés, nous reviennent chargés d'un sens nouveau. Des espoirs étouffés par la crainte, des élans de tendresse que nous n'osons pas reconnaître s'offrent à nous, parés d'une splendeur nouvelle. Notre esprit est la toile sur laquelle l'artiste pose ses couleurs ; les teintes sont nos émotions et le clair-obscur est fait de la lumière de nos joies et de l'ombre de nos tristesses. Le chef-d'œuvre est en nous et nous sommes dans le chef-d'œuvre.

La communion de sympathie qui est nécessaire à l'éclosion du sens de l'art a pour base des concessions mutuelles. Le spectateur doit cultiver sa propre attitude pour recevoir le message ; l'artiste doit savoir comment le donner. Le maître de thé Kobori-Enshiu, qui était lui-même daïmio, nous a laissé cette parole mémorable : « Approchez un grand peintre comme vous approcheriez un grand prince. » Pour comprendre un chef-d'œuvre, inclinez-vous d'abord bien bas devant lui et attendez, en retenant votre souffle, qu'il vous parle. Un critique éminent de l'époque Song fit un jour un charmant aveu. « Quand j'étais jeune, dit-il, je louais le maître dont j'aimais les tableaux, mais, à mesure que mon jugement mûrissait, je me louais moi-même d'aimer ce que les maîtres avaient choisi pour me le faire aimer. » Il faut regretter que si peu d'entre nous prennent la peine d'étudier la manière des maîtres. Dans notre ignorance obstinée nous nous refusons à leur rendre ce simple hommage de courtoisie et sommes privés ainsi du riche festin de beauté qu'ils offrent à nos yeux. Un maître a toujours quelque chose à offrir, et nous nous en allons avec la faim, simplement parce que nous manquons de goût.

Pour qui, au contraire, a le sens de l'art, un chef-d'œuvre devient une réalité vivante vers laquelle on se sent entraîné par des liens de camaraderie. Les maîtres sont immortels, car leurs amours et leurs angoisses vivent en nous à jamais. C'est bien plutôt l'âme que la main, l'homme que la technique, qui nous appelle, et plus l'appel est humain, plus profonde est notre réponse, et c'est à cause de cette compréhension secrète entre le maître et nous, que nous arrivons à souffrir et à nous réjouir avec les héros et les héroïnes des poèmes et des romans. Chikamatsu, notre Shakespeare japonais, considérait comme un des principes essentiels de la composition dramatique d'inspirer confiance au public. Parmi nombre de pièces que ses élèves lui avaient un jour soumises, une seule lui avait plu. C'était une pièce qui avait quelque ressemblance avec la *Comédie des Erreurs*, où l'on voit deux frères victimes de leur identité méconnue. « Oui, je sens vivre là, dit Chikamatsu, l'esprit même du drame, car il y est tenu compte du public lui-même : on lui permet de savoir quelque chose de plus

que les acteurs. Il sait sur quoi repose l'erreur et il a pitié des personnages qu'il voit,
sur la scène, se précipiter innocemment vers
leur destin. »

Les grands maîtres de l'Orient comme de
l'Occident n'ont jamais négligé l'importance
de la suggestion pour mettre le spectateur en
confiance. Qui peut contempler un chef-
d'œuvre sans être épouvanté de l'immensité
de pensée qu'il offre à nos regards ? Il n'est
pas de chefs-d'œuvre qui ne soient familiers
et sympathiques. Combien sont froides, au
contraire, les productions courantes de l'heure
actuelle ! Ici, l'épanchement chaleureux d'un
cœur d'homme ; là, rien de plus qu'un geste
formaliste. Esclaves de la technique, les modernes s'élèvent rarement au-dessus d'eux-
mêmes. Comme les musiciens qui essayaient
vainement de faire vibrer la harpe de Lungmen, ils ne chantent qu'eux-mêmes. Il se
peut que leurs œuvres soient plus proches
de la science ; elles sont sûrement plus éloi-
gnées de l'humanité. Il existe un vieux dicton japonais d'après lequel une femme ne
peut aimer un homme vraiment vaniteux,

car il n'y a pas dans son cœur de fissure par où l'amour puisse pénétrer et le remplir. La vanité en art est également fatale à la sympathie, soit de la part de l'artiste, soit de la part du public.

Je ne sais rien de plus sanctifiant que l'union des esprits parents dans l'art. Au moment de ces rencontres, l'amateur d'art se surpasse lui-même. Il est à la fois et n'est pas. Il entrevoit une lueur de l'infini, mais les mots ne lui suffisent pas à exprimer sa joie, car les yeux n'ont point de langue. Libéré des chaînes de la matière, son esprit se meut dans le rythme même des choses. C'est ainsi que l'art s'apparente à la religion et ennoblit l'humanité ; c'est ce qui fait d'un chef-d'œuvre quelque chose de sacré. Dans les temps anciens, la vénération dont les Japonais entouraient les œuvres d'un grand artiste était extrême. Les maîtres de thé conservaient leurs trésors avec une discrétion toute religieuse et il fallait souvent ouvrir, l'une après l'autre, nombre de boîtes avant de découvrir le reliquaire, l'enveloppe de soie dans les doux plis de laquelle reposait le saint des saints. On ne le montrait que rarement et aux seuls initiés.

A l'époque où le Théisme était à son apogée, les généraux du Taïko se montraient plus satisfaits qu'on leur eût fait présent, pour les récompenser de leurs victoires, d'une œuvre d'art précieuse que d'une vaste étendue de territoire. Plusieurs de nos drames favoris ont pour sujet la perte et le recouvrement d'un chef-d'œuvre célèbre. Dans l'un d'eux, par exemple, le palais du seigneur Hosokawa où est conservé le célèbre portrait de Dharuma par Sesson, prend feu tout à coup, à cause de la négligence du samouraï en fonction. Résolu à affronter tous les risques pour sauver le précieux tableau, celui-ci se précipite dans l'édifice en flammes, s'empare du kakémono, mais trouve toutes les issues obstruées par l'incendie. Ne songeant qu'au salut du chef-d'œuvre, il se fait autour du corps avec son épée une large entaille, enroule sa manche déchirée autour de la soie peinte et plonge le tout dans le trou de sa blessure. Le feu, enfin, s'éteint et parmi les cendres fumantes on trouve un corps à demi consumé à l'intérieur duquel repose, épargné par les flammes, l'inestimable trésor. Pour tragique que soit cette histoire, elle montre, en même temps que la fidélité d'un samouraï, quel prix nous savons attacher à un chef-d'œuvre.

N'oublions pas, cependant, que l'art n'a de valeur que dans la mesure où il parle à notre cœur. Il peut devenir une langue universelle si nous-mêmes savons être universels dans nos sympathies. Notre nature bornée, la force de la tradition et des conventions, tout comme nos instincts héréditaires, restreignent notre capacité de jouissance artistique. Notre individualité même fixe aussi, jusqu'à un certain point, des limites à notre compréhension et notre personnalité esthétique cherche surtout ses propres affinités dans les créations du passé. Il est vrai, d'autre part, que, par la culture, notre sens de l'art s'élargit et que nous devenons chaque jour plus capables de jouir de nouvelles expressions de beauté auxquelles nous étions hier encore insensibles. Mais, après tout, n'est-ce pas seulement notre propre image que nous voyons dans l'univers et n'est-ce pas notre propre tempérament qui nous impose nos façons de percevoir ? Les maîtres de thé ne collectionnaient que des objets correspondant exactement à la mesure de leur goût personnel.

Je me rappelle, à ce propos, une histoire concernant Kobori-Enshiu. Pour le complimenter d'avoir fait preuve d'un goût si parfait dans le choix de ses collections, ses disciples lui disaient : « Chaque pièce est telle que personne ne peut s'empêcher de l'admirer. Ce qui prouve que vous avez meilleur goût que Rikiu, car il n'y a qu'une personne sur mille qui puisse apprécier sa collection. » A quoi Enshiu répondit tristement : « Voilà bien la preuve de ma vulgarité. Notre grand Rikiu avait l'audace de n'aimer que les objets qui lui plaisaient personnellement, tandis que moi, inconsciemment, je pourvois au goût de la majorité. En vérité, il n'y a qu'un Rikiu entre mille parmi les maîtres de thé. »

Quoi qu'il en soit, l'on ne saurait trop regretter que la plus grande part de l'enthou-

siasme apparent que l'on professe aujour-
d'hui pour l'art ne repose pas sur un senti-
ment réel et profond. A une époque démocratique comme la nôtre, les hommes applaudis-
sent à tout ce qui est considéré par la masse
comme le meilleur, sans égard pour leurs sentiments. Ils aiment le coûteux et non le raffiné ; ce qui est à la mode, non ce qui est
beau. Aux masses populaires la contempla-
tion des périodiques illustrés, qui est vraiment le digne produit de leur propre industrialisme, fournit un aliment de joie artistique
plus facile à digérer que les Primitifs italiens
ou les maîtres d'Ashikaga qu'elles prétendent
admirer. Le nom de l'artiste est autrement
important pour elles que la qualité de l'œuvre. Comme le disait un critique chinois, il
y a plusieurs siècles, « le peuple fait la critique d'une peinture avec l'oreille ». C'est
à ce manque de goût personnel et de jugement original que nous devons les horreurs
pseudo-classiques qui nous accueillent aujour-
d'hui, de quelque côté que l'on se tourne.

Une autre erreur, non moins communé-
ment répandue, c'est de confondre l'art avec

l'archéologie. La vénération née de l'anti-
quité est un des traits les plus nobles du
caractère humain et il serait à souhaiter
qu'elle fût encore plus répandue qu'elle ne
l'est. Les vieux maîtres ont le droit d'être
honorés pour avoir ouvert la voie au progrès
futur, et le seul fait qu'ils aient traversé intacts des siècles de critique et qu'ils nous arri-
vent encore couverts de gloire, commande le
respect. Mais ce serait folie en vérité de
n'évaluer leurs efforts que d'après leur âge.
Cependant nous laissons à notre sympathie
historique la direction de notre discernement
esthétique. Nous offrons les fleurs de notre
approbation à l'artiste quand il est tranquillement étendu dans son tombeau. Le dix-
neuvième siècle qui a engendré la théorie
de l'évolution a, malgré cela, créé en tous
l'habitude de perdre de vue l'individu dans
l'espèce. Un collectionneur se soucie surtout
d'acquérir des spécimens d'une école ou
d'une époque et oublie qu'un seul chef-
d'œuvre nous touche davantage que quelque quantité que ce soit de productions
médiocres d'une époque ou d'une école

donnée. Nous classifions trop et ne jouissons pas assez. Le fait d'avoir abandonné la méthode de présentation esthétique des œuvres d'art pour la prétendue méthode de présentation scientifique a causé la mort de bien des musées.

Enfin, les droits de l'art contemporain ne peuvent être ignorés dans aucun plan vivant de la vie. L'art d'aujourd'hui est celui qui nous appartient réellement ; il est notre propre reflet. Le condamner, c'est nous condamner nous-mêmes. L'on prétend couramment que l'époque présente ne possède aucun art : à qui donc en incombe la responsabilité ? N'est-ce pas une honte que, malgré toutes nos rapsodies sur les anciens, nous soyons si peu attentifs à nos propres possibilités ? Il y a, cependant, des artistes qui luttent, des âmes fatiguées qui s'épuisent dans l'ombre d'un dédain glacé ! Dans un siècle fixé sur son propre centre comme le nôtre, quelles inspirations leur offrons-nous ? Le passé peut bien regarder avec pitié la pauvreté de notre civilisation ; l'avenir rira de la stérilité de notre art. Nous détruisons l'art en détruisant le beau dans la vie. Le grand magicien viendra-t-il qui formera avec le tronc de la société moderne une harpe puissante dont les doigts du génie feront un jour résonner les cordes ?

VI

LES FLEURS

Dans la grise et tremblante lumière d'une aube de printemps, n'avez-vous jamais senti, en entendant murmurer les oiseaux dans les arbres avec une cadence mystérieuse, que ce ne pouvait être que des fleurs qu'ils parlaient entre eux ? Il est hors de doute, en tout cas, que, pour l'humanité, l'amour des fleurs a dû naître en même temps que la poésie de l'amour. Comment, en effet, peut-on mieux concevoir qu'en présence d'une fleur, si douce dans son inconscience, et qui n'a peut-être tant de parfum que parce qu'elle est silencieuse, la révélation d'une âme de vierge ? En offrant à sa bien-aimée

la première guirlande, l'homme primitif s'est élevé au-dessus de la brute ; en s'élevant ainsi au-dessus des nécessités grossières de la nature, il est devenu humain ; en percevant l'utilité subtile de l'inutile, il est entré dans le royaume de l'art.

Dans la joie ou dans la tristesse, les fleurs sont nos amies fidèles. Nous mangeons, nous buvons, nous chantons, nous dansons, nous fleuretons avec elles. Nous nous marions et nous baptisons avec des fleurs. Nous n'osons pas mourir sans elles. Nous avons adoré avec le lis, nous avons médité avec le lotus, nous avons chargé dans l'arroi des batailles avec la rose et le chrysanthème. Nous avons même essayé de parler la langue des fleurs. Comment pourrions-nous vivre sans elles ? Cela fait peur d'imaginer un monde veuf de leur présence. Quelle consolation n'apportent-elles pas au chevet du malade, quelle lumière de bénédiction aux ténèbres des esprits fatigués ? Leur sereine tendresse réconforte notre confiance faiblissante en l'univers, tout comme le regard attentif d'un bel enfant ressuscite nos espérances perdues.

Quand nous sommes couchés dans la poussière, c'est elles qui s'attardent à pleurer sur nos tombes.

Si triste que cela soit, il n'y a pas à nous dissimuler qu'en dépit de notre familiarité avec les fleurs, nous ne nous sommes pas haussés de beaucoup au-dessus de la brute. Grattez le mouton, et le loup qui est en nous ne tardera guère à montrer les dents. Quelqu'un a dit que l'homme est, à dix ans, un animal, à vingt un fou, à trente un raté, à quarante un fraudeur et à cinquante un criminel. Peut-être ne devient-il un criminel que parce qu'il n'a jamais cessé d'être un animal. Il n'est de réel pour nous que la faim, rien de sacré que nos désirs. Tous les autels, les uns après les autres, se sont écroulés sous nos yeux ; un seul demeure, éternel, celui sur lequel nous encensons notre idole suprême, — nous-mêmes. Notre dieu est grand et l'argent est son prophète. Pour ses sacrifices, nous dévastons la nature entière. Nous nous vantons d'avoir conquis la matière et nous oublions que c'est la matière qui a fait de nous ses esclaves. Quelles atrocités ne commettons-nous pas au nom de la culture et du raffinement !

Dites-moi, gentilles fleurs, larmes des étoiles, qui restez là dans le jardin, balançant vos têtes au gré des abeilles qui chantent la rosée et le soleil, connaissez-vous le terrible destin qui vous attend ? Rêvez, balancez-vous, folâtrez tant que vous pouvez parmi les douces brises de l'été. Demain, une main impitoyable vous étreindra à la gorge ; vous serez arrachées brutalement, mises en pièces membre à membre, emportées loin de vos paisibles demeures. La malheureuse, elle passera pour belle ! Elle pourra dire combien vous étiez charmantes alors que ses doigts seront encore tout mouillés de votre sang ; dites, sera-ce là de la bonté ? Ce sera peut-être votre destin, d'être emprisonnées dans les cheveux d'une que vous savez sans cœur ou serrées dans la boutonnière d'un qui n'oserait pas vous regarder en face si vous étiez un homme. Ce sera peut-être votre lot d'être enfermées dans quelque vase étroit, avec un peu d'eau stagnante pour apaiser la soif affolante qui avertit que la vie s'écoule.

Fleurs, si vous habitiez les palais du mikado, vous rencontreriez quelquefois un terrible personnage armé de ciseaux et d'une petite scie. Il s'intitulerait lui-même maître de fleurs. Il réclamerait pour lui les droits d'un docteur, et d'instinct vous le haïriez, car vous n'ignorez pas qu'un docteur cherche toujours à prolonger les souffrances de ses victimes. Il vous couperait, vous ploierait, vous courberait dans toutes les positions impossibles qu'il jugerait convenable de vous infliger. Il tordrait vos muscles et disloquerait vos os comme un ostéopathe. Il vous brûlerait avec des charbons ardents pour arrêter la fuite de votre sang, et vous enfoncerait dans la chair des fils de fer pour activer votre circulation. Il vous teindrait avec du sel, du vinaigre, de l'alun et même du vitriol. Il verscrait sur vos pieds de l'eau bouillante quand vous sembleriez près de défaillir. Ce serait sa gloire de vous garder vivantes pendant deux ou trois semaines de plus qu'il n'aurait été possible de le faire sans son traitement. N'auriez-vous pas préféré être tuées d'un coup sitôt prises ? Quels crimes devez-vous donc avoir commis durant votre incarnation passée pour mériter un tel châtiment durant celle-ci ?

La dévastation effrénée de fleurs qui se pratique en Occident est peut-être encore plus épouvantable que la façon dont elles sont traitées par les maîtres de fleurs de l'Orient. La quantité de fleurs coupées chaque jour, pour orner les salles de bal et les tables des banquets, en Europe et en Amérique, et que l'on jette le lendemain, doit être énorme ; liées ensemble, elles feraient une guirlande à tout un continent. Comparé à cette insouciance totale de la vie, le crime du maître de fleurs devient insignifiant. Lui, du moins, respecte l'économie de la nature, choisit ses victimes avec soin et avec prévoyance, et une fois mortes il honore leurs restes. Dans l'Occident, la parade des fleurs paraît faire partie du décor de la richesse ; c'est la fantaisie d'un moment. Où vont-elles, toutes ces fleurs, quand la fête est finie ? Est-il rien de plus pitoyable que de voir une fleur fanée jetée sans remords au fumier ?

Pourquoi les fleurs sont-elles nées si belles

et cependant si malheureuses ? Les insectes peuvent piquer et la bête la plus paisible peut lutter quand elle se sent aux abois. Les oiseaux dont on recherche les plumes pour garnir un chapeau peuvent échapper, en s'envolant, à celui qui les poursuit ; l'animal fourré dont vous convoitez le vêtement peut se cacher à votre approche. Hélas ! la seule fleur qui ait des ailes est le papillon ; toutes les autres demeurent immobiles et désarmées devant leur bourreau. Si elles poussent des cris pendant leur agonie, ils ne parviendront pas à nos oreilles endurcies. Nous sommes souvent brutaux vis-à-vis de ceux qui nous aiment et nous servent en silence, mais l'heure peut venir où notre cruauté éloignera de nous nos meilleurs amis. N'avez-vous pas remarqué que les fleurs deviennent de plus en plus rares chaque année ? C'est peut-être que leurs sages leur ont conseillé de fuir jusqu'à ce que l'homme soit devenu plus humain ; sans doute ont-elles émigré au ciel.

Louons l'homme qui s'adonne à la culture des plantes ; l'homme au pot de fleurs est infiniment plus humain que l'homme aux ciseaux. Nous voyons avec plaisir comme il s'inquiète de la pluie et du soleil, ses luttes contre les parasites, sa peur des gelées, son anxiété quand les boutons sont tardifs, son ravissement quand les feuilles ont tout leur éclat. En Orient, l'art de cultiver les fleurs est un des plus anciens, et les contes et les chansons sont pleins des amours du poète et de sa plante favorite. Sous les dynasties Tang et Song, les céramistes créèrent pour les plantes des récipients merveilleux ; ce n'étaient pas des vases, mais de vrais palais de pierres précieuses. A chaque fleur était attaché un domestique spécial chargé de veiller sur elle et de laver ses feuilles avec une fine brosse de poils de lapin. Il est écrit (1) que la pivoine doit être baignée par une belle jeune fille en grande toilette, et le prunier d'hiver arrosé par un moine pâle et frêle. Au Japon, l'une des danses No les plus populaires, le hachinoki, qui date de l'époque Ashikaga, a pour sujet l'histoire d'un chevalier devenu pauvre qui, par une nuit glacée, n'ayant plus

(1) Dans *Pinglsé*, par Yuenchunlang.

rien pour se chauffer, coupe ses plantes ché-
ries pour recevoir un religieux errant. Le
religieux n'est autre, en réalité, que Hojo-
Tokiyori, l'Haroun-Al-Raschid de nos contes, et le sacrifice du bon chevalier est récom-
pensé comme il convient. Même aujourd'hui
la représentation de cette pièce ne manque
jamais d'arracher des larmes au public de
Tokio.

L'on prenait alors les plus grandes pré-
cautions pour soigner et conserver les fleurs
délicates. L'empereur Huensung, de la dynastie Tang, suspendait des clochettes d'or
aux branches de son jardin pour en écarter
les oiseaux. C'est lui aussi qui, au printemps,
se faisait accompagner des musiciens de sa
cour pour réjouir les fleurs de suaves concerts.

Il existe encore dans un monastère du
Japon (1) une précieuse tablette que la tradition attribue à Yoshitsuné, le héros de notre
cycle de légendes analogue au cycle de la
Table Ronde : c'est un avis concernant la
protection d'un certain prunier merveilleux ;

(1) Sumadéra, près Kobé.

et elle s'adresse à nous dans le ton d'une époque guerrière. Après avoir fait mention de la beauté des fleurs, l'inscription dit : « Quiconque aura coupé une seule branche de cet arbre, il lui sera confisqué, en retour, un doigt. » Ne conviendrait-il pas aujourd'hui d'appliquer de telles lois à ceux qui exercent leur frénésie destructrice sur les fleurs et mutilent les œuvres d'art ?

En ce qui concerne les fleurs en pot, c'est encore l'égoïsme humain qu'il faut accuser. Pourquoi enlever les plantes à leur milieu et leur demander de fleurir dans des milieux étrangers ? N'est-ce pas tout comme de demander aux oiseaux de chanter et de couver dans la prison d'une cage ? Qui sait ce qu'éprouvent les orchidées à étouffer dans la chaleur artificielle de vos serres, en soupirant sans espoir pour un rayon de leur ciel méridional ?

L'amateur de fleurs idéal est celui qui les visite dans leurs retraites natales, comme Taoyuenming (1) qui s'asseyait devant une

(1) Tous poètes et philosophes célèbres de la Chine.

barrière de bambou brisée pour converser avec le chrysanthème sauvage, ou comme Linwosing (1), qui perdit son chemin au milieu des parfums mystérieux, tandis qu'il se promenait au crépuscule parmi les pruniers en fleurs du lac Occidental. L'on rapporte aussi que Chowmushih (1) dormait dans un bateau, de telle façon que ses rêves pouvaient se confondre avec ceux du lotus. C'était bien le même esprit qui animait l'impératrice Komio, une des souveraines les plus renommées de Nara, quand elle chantait : « Si je te cueille, ma main te souillera, ô fleur ! Telle que je te vois au sein de la prairie, je te donne en offrande aux Bouddhas du passé, du présent et de l'avenir ! »

Ne soyons, cependant, point trop sentimentaux. Soyons moins luxueux, mais plus magnifiques. Laotsé disait : « Le ciel et la terre sont impitoyables. » Kobodaishi disait : « Coule, coule, coule, coule, le courant de la vie va toujours plus loin. Meurs, meurs, meurs, meurs, la mort vient pour tous. » La

(1) Tous poètes et philosophes célèbres de la Chine.

destruction nous guette de quelque côté que nous nous tournions. Destruction en bas et en haut, destruction derrière et devant. Le Changement est la seule chose qui soit éternelle, — pourquoi donc ne pas accueillir aussi bien la Mort que la Vie ? Il n'existe que des contre-parties — la Nuit et le Jour de Brahma. A travers la désintégration de ce qui est vieux, la recréation devient possible. Nous avons adoré la Mort, la déesse impitoyable de la pitié, sous bien des noms différents. C'était l'ombre du Dévorateur Universel que les Gheburs saluaient dans le feu. C'est devant le purisme glacé de l'âme-épée que le Japon de Shinto s'agenouille encore aujourd'hui. Le feu mystique consume notre faiblesse, l'épée sacrée rompt l'esclavage du désir. De nos cendres s'élance le phénix de l'espoir céleste ; de la liberté naît une plus haute réalisation d'humanité.

Pourquoi ne pas détruire les fleurs si nous pouvons en tirer de nouvelles formes pour ennoblir l'idée du monde ? Nous ne faisons que leur demander de se joindre à notre sacrifice à la beauté. Nous rachèterons nos

actions en nous consacrant à la pureté et à la simplicité. Ainsi raisonnaient les maîtres de thé lorsqu'ils établirent le culte des fleurs.

Quiconque connaît les manières d'être de nos maîtres de thé et de fleurs n'aura pas été sans remarquer avec quelle vénération religieuse ils traitent les fleurs. Jamais ils ne cueillent au hasard, mais au contraire choisissent soigneusement chaque branche ou brindille sans perdre de vue la composition artistique qu'ils ont dans l'esprit. Ils rougiraient s'il leur arrivait de couper plus qu'il n'est absolument nécessaire. L'on remarquera, à ce propos, qu'ils associent toujours, s'ils le peuvent, les feuilles à la fleur, leur but étant de représenter l'entière beauté de la plante vivante. A ce point de vue, on le voit, comme à bien d'autres, leur méthode diffère de celle qu'ont adoptée les pays occidentaux, où il n'est possible de voir que des tiges et des têtes de fleurs, sans corps, entassées en désordre, au hasard, dans un vase.

Quand un maître de thé aura arrangé une fleur selon son goût, il la mettra sur le tokonoma, qui est la place d'honneur de tout appartement japonais. Rien autre ne sera placé près d'elle qui puisse nuire à l'effet qu'elle doit produire, pas même une peinture, à moins qu'il n'y ait quelque raison esthétique particulière à une combinaison de ce genre. La fleur est donc là comme un prince sur son trône, et les invités ou les disciples, en entrant dans la pièce, la salueront d'un profond salut avant de présenter leurs compliments à leur hôte. D'après les chefs-d'œuvre du genre l'on exécute des dessins que l'on répand pour l'édification des amateurs, et il existe toute une littérature, très considérable, sur le sujet. Quand la fleur se fane, le maître la confie tendrement à la rivière ou soigneusement l'ensevelit dans la terre. Quelquefois même on élève à leur mémoire des monuments.

L'origine de l'Art d'arranger les fleurs est contemporaine, semble-t-il, de celle du Théisme, c'est-à-dire qu'elle date du quinzième siècle. Nos légendes attribuent le premier arrangement floral à ces vieux saints bouddhistes qui ramassaient les fleurs fauchées par l'ouragan et, dans leur sollicitude infinie pour toutes les choses vivantes, les mettaient dans des vases pleins d'eau. L'on conte que Soami, le grand peintre et amateur d'art de la cour d'Ashikaga-Yoshimasa, fut un des premiers adeptes de cette coutume charmante. Juko, le maître de thé, fut un de ses élèves, ainsi que Senno, le fondateur de la maison d'Ikénobo, famille aussi illustre dans les annales de la fleur que celle des Kano dans la peinture. En même temps que se perfectionnait sous Rikiu le rituel du thé, dans la dernière partie du seizième siècle, l'art d'arranger les fleurs atteignait son plein éclat. Rikiu et ses successeurs, les célèbres Ota-wuraka, Furuka-Oribé, Koyetsu, Kobori-Enshiu, Katagiri-Sekishiu, rivalisaient entre eux dans la recherche de combinaisons nouvelles et imprévues. Mais il ne faut pas oublier, cependant, que le culte des fleurs, tel que le pratiquaient les maîtres de thé, n'était qu'une partie de leur rituel esthétique, et ne constituait pas en lui-même une religion. Tout arrangement floral, comme les autres œuvres d'art qui ornaient la Chambre de thé, était subordonné au plan général de la décoration. Ainsi, Sekishiu défendait de faire usage des fleurs blanches du prunier quand il y avait encore de la neige dans le jardin. Les fleurs « tapageuses » étaient impitoyablement bannies de la Chambre de thé. Un arrangement floral combiné par un maître de thé perd toute sa signification si on l'enlève de l'endroit auquel il a été destiné, car toutes ses lignes, toutes ses proportions ont été composées en vue de s'harmoniser avec les objets environnants.

L'adoration de la fleur pour elle-même commence avec la naissance des Maîtres de Fleurs, vers le milieu du dix-septième siècle. Elle devient alors indépendante de la Chambre de thé et ne connaît plus d'autre gloire que celle que lui impose le vase choisi. De nouvelles conceptions et de nouvelles méthodes d'exécution devinrent alors possibles, d'où résultèrent maints principes et maintes écoles. Un écrivain du milieu du siècle dernier disait qu'il pourrait compter plus de cent écoles différentes pour arranger les fleurs. En résumé, elles se divisent en deux branches principales, la formaliste et la naturaliste. Les écoles formalistes, dirigées par les Ikénobo, aspiraient à un idéalisme classique correspondant à celui de l'Académie de Kano. Nous possédons des descriptions d'arrangements floraux exécutés par les anciens maîtres de cette école qui reproduisent presque les tableaux de fleurs de Sansetsu et de Tsunénobu. L'école naturaliste, au contraire, comme son nom l'indique, accepte la nature avant tout pour modèle et se contente de lui imposer les modifications de forme nécessaires à l'expression de l'unité artistique. Ne retrouve-t-on pas ici les mêmes impulsions qui ont formé les écoles de peinture de Ukiyoé et de Shijo ?

Il serait intéressant, si nous en avions le loisir, d'étudier plus à fond les lois de composition et de détail formulées par les divers Maîtres de Fleurs de cette époque, basées, en somme, sur les mêmes théories fondamentales qui régissaient la décoration Tokugawa. Trois principes essentiels les gouvernent : le principe primordial ou le ciel, le principe subordonné ou la terre, le principe conciliateur ou l'homme ; tout arrangement floral qui n'était point l'application de ces principes, était considéré comme infécond et mort. Ils insistaient aussi beaucoup, les maîtres de fleurs d'alors, sur l'importance qu'il y a à traiter une fleur dans ses trois aspects différents, le formel, le semi-formel et l'informel. L'on pourrait dire que le premier présente les fleurs dans une somptueuse toilette de bal, le second dans l'élégance aisée d'une robe d'après-midi, le troisième dans le charmant déshabillé du boudoir.

Nos sympathies personnelles vont, avouons-le, aux arrangements floraux du maître de thé plutôt qu'à ceux du Maître de Fleurs. Les premiers sont de l'art conçu selon son but essentiel et sur le terrain de son intimité véritable avec la vie. Nous aimerions appeler cette école la naturelle, en opposition à la naturaliste et à la formaliste. Le maître de thé estime que son devoir se borne au choix des fleurs, et il les laisse conter leur propre histoire. Vous entrez dans une Chambre de thé vers la fin de l'hiver et vous y voyez une frêle brindille de cerisier sauvage combinée avec un camélia en boutons : n'est-ce pas comme un écho de l'hiver qui s'en va, uni à l'annonciation du printemps ? Ou bien vous entrez, pour le thé de midi, par quelque brûlante journée d'été, et vous découvrez, dans l'ombre fraîche du tokonoma, un simple lis dans un vase suspendu ; tout dégouttant de rosée, il a l'air de sourire à la folie de la vie.

Certes, un solo de fleurs peut être intéressant ; mais lorsqu'il se combine en concerto avec la peinture et la sculpture, quel ravissement ! Sekishiu mit une fois quelques plantes aquatiques dans un vase plat pour suggérer la vision d'une végétation de lac et de marais, et au-dessus, à la muraille, il accrocha une peinture de Soami représentant des canards sauvages en plein vol. Shoha, un autre maître de thé, composa un poème sur la beauté de la solitude près de la mer, avec un brûle-parfum de bronze qui avait la forme d'une cabane de pêcheur et quelques-unes de ces fleurs sauvages qui poussent sur les plages. Un des invités a raconté qu'il avait senti devant cette composition le souffle de l'automne finissant.

Les histoires de fleurs n'ont jamais de fin. En voici encore une. Au seizième siècle, la « gloire du matin » était encore assez rare chez nous. Rikiu en possédait un jardin entièrement planté, et qu'il cultivait avec un soin assidu. La renommée de ses convolvulus parvint aux oreilles du Taïko et celui-ci exprima le désir de les voir. Rikiu l'invita donc à un thé matinal chez lui. Au jour fixé, le Taïko vint et se promena à travers le jardin ; mais il n'y avait aucune trace de convolvulus. Le sol avait été nivelé, puis couvert de fins cailloux et de sable. Plein d'un sombre courroux, le despote entra dans la Chambre de thé ; mais un spectacle inattendu le réjouit. Sur le tokonoma, dans un bronze précieux de l'époque des Song, il aperçut une seule « gloire du matin », la reine du jardin tout entier !

De tels exemples nous montrent toute la signification du sacrifice des fleurs. Cette signification, il se pourrait que les fleurs elles-mêmes l'apprécient. Elles ne sont point lâches, comme le sont les hommes. Certaines fleurs se font gloire de la mort : les fleurs du cerisier japonais, par exemple, qui, librement, s'abandonnent aux vents. Quiconque a vu les avalanches odorantes de Yoshino ou d'Arashiyama a pu s'en rendre compte. Un moment, elles voltigent comme des nuées de pierres précieuses et dansent sur les eaux de cristal ; puis, en voguant sur l'onde souriante, elles semblent dire : « Adieu, Printemps ! nous nous en allons vers l'Éternité ! »

VII

LES MAITRES DE THÉ

 En religion, l'Avenir est derrière nous. En art, le Présent est éternel. Les maîtres de thé tenaient que le vrai sens de l'art n'est possible qu'à ceux qui font de l'art une influence vivante. Aussi cherchaient-ils à régler leur vie quotidienne sur le parfait modèle de raffinement qu'ils réalisaient dans la Chambre de thé. En toutes circonstances, ils se préoccupaient de conserver leur sérénité d'esprit et de diriger la conversation de manière à ne jamais rompre l'harmonie environnante. La coupe et la couleur des vêtements, l'équilibre du corps, la façon de marcher, tout peut

servir à la manifestation d'une personnalité artistique. Sujet sérieux, certes,
car qui ne s'est fait beau soi-même n'a pas
le droit d'approcher la beauté. Aussi le maître
de thé s'efforçait-il d'être quelque chose de
plus qu'un artiste, d'être l'art lui-même.
C'était le Zen de l'esthétique. La perfection
est partout si nous nous soucions seulement de chercher à la reconnaître. Rikiu
se plaisait à citer un vieux poème où il
est dit : « A ceux qui n'aiment que les
fleurs, je voudrais bien montrer le printemps en pleine efflorescence, qui habite
les boutons en travail sur les collines couvertes de neige. »

Nombreux, en vérité, ont été les apports
qu'ont faits à l'art les maîtres de thé. Ils ont
révolutionné entièrement l'architecture classique et la décoration intérieure et créé le
nouveau style que nous avons décrit dans le
chapitre consacré à la Chambre de thé, style
dont les influences se retrouvent même dans
les palais et les monastères qui ont été bâtis
depuis le seizième siècle. Le complexe
Kobori-Enshiu a laissé de remarquables

exemples de son génie dans la villa impériale de Katsura, dans les châteaux de Najoya et de Nijo et dans le monastère de Kohoan. Tous les jardins célèbres du Japon, ce sont aussi des maîtres de thé qui les ont dessinés, et il est plus que probable que notre art céramique n'aurait jamais atteint son degré de perfection si les maîtres de thé ne lui avaient pas prêté leur inspiration, la fabrication des ustensiles employés dans la cérémonie du thé exigeant de la part de nos potiers la plus grande dépense d'ingéniosité. Les Sept Fours d'Enshiu sont bien connus de tous ceux qui ont étudié la céramique japonaise. Combien aussi, parmi nos étoffes, portent les noms des maîtres de thé qui en conçurent la couleur ou le dessin ! Il est impossible, en vérité, de trouver aucune branche de l'art où les maîtres de thé n'aient pas laissé l'empreinte de leur génie. Dans la peinture et dans le laque, il semble presque superflu de signaler les immenses services dont on leur reste redevable. Une de nos plus grandes écoles de peinture ne doit-elle pas son origine au maître de thé Honnami-Koyetsu, non moins fameux comme artiste laqueur que comme potier ? Auprès de ses œuvres, les magnifiques créations de Koho, son petit-fils, et de Korin et Kenzan, ses petits-neveux, rentrent presque dans l'ombre. Toute l'école de Korin, telle qu'on la définit généralement, est une expression du Théisme : il semble que, dans les grandes lignes, cette école possède la vitalité de la nature elle-même.

Si grande, cependant, qu'ait été l'influence exercée par les maîtres de thé dans le domaine de l'art, elle n'est rien en comparaison de celle qu'ils ont eue sur la conduite de la vie. Ce n'est pas seulement dans les usages de la société policée que se sent la présence des maîtres de thé, mais encore dans l'arrangement de tous les détails de notre vie domestique. Beaucoup de nos plats les plus délicats, aussi bien que notre façon de présenter les aliments, ils les ont inventés. Ils nous ont appris à ne porter que des vêtements de couleurs sobres. Ils nous ont enseigné l'esprit spécial dans lequel nous devons nous mettre pour approcher les fleurs. Ils ont rendu plus énergique notre amour naturel de la

simplicité, ils nous ont révélé la beauté de l'humilité. En un mot, c'est par leurs enseignements que le thé est entré dans la vie du peuple.

Ceux d'entre nous qui ignorent le secret de régler convenablement leur propre existence sur cette mer tumultueuse de troubles insensés que nous appelons la vie, vivent dans un état de souffrance perpétuel, tout en essayant, mais en vain, de paraître heureux et satisfaits. Nous faiblissons dans nos efforts pour conserver notre équilibre moral et voyons un avant-coureur de la tempête dans chaque nuage qui flotte à l'horizon. Il y a cependant une joie et une beauté dans le roulement des vagues qui balaient l'éternité. Pourquoi ne pas pénétrer leur esprit, ou, comme Liehtsé, pourquoi ne pas monter sur l'ouragan lui-même ?

Celui-là seul qui a vécu avec la beauté mourra en beauté. Les derniers moments des maîtres de thé étaient aussi pleins de raffinement et d'exquisité que l'avait été leur vie. Cherchant toujours à se tenir en harmonie avec le grand rythme de l'univers, ils étaient toujours prêts à entrer dans l'inconnu. Le « Dernier thé de Rikiu » se présentera toujours à mon esprit comme le sommet de la grandeur tragique.

L'amitié était vieille qui unissait Rikiu et le Taïko Hideyoshi et haute l'estime où le grand guerrier tenait le maître de thé. Mais l'amitié d'un despote est toujours un dangereux honneur. C'était un temps où régnait la trahison et où les hommes n'avaient pas même confiance en leur parent le plus proche. Rikiu n'était point un courtisan servile et souvent il avait eu l'audace de contredire son orgueilleux patron ; d'où, prenant avantage de la froideur qui existait depuis quelque temps entre le Taïko et Rikiu, les ennemis de ce dernier l'accusèrent d'avoir pris part à un complot pour empoisonner le despote. On murmura aux oreilles de Hideyoshi que le breuvage fatal devait lui être administré dans une coupe de boisson verte préparée par le maître de thé lui-même. Le moindre soupçon suffisait à Hideyoshi pour le décider à une exécution immédiate et il n'y avait point d'appel possible à la volonté du maître irrité : le seul privilège qu'il consentît à accorder à celui qu'il avait condamné était l'honneur de mourir de sa propre main.

Au jour fixé pour son propre sacrifice, Rikiu invita ses principaux disciples à la dernière cérémonie du thé. A l'heure indiquée, les invités se rencontrèrent tristement près du portique. Comme ils parcouraient du regard l'allée du jardin, les arbres leur parurent frissonner et ils entendirent passer dans le bruissement de leurs feuilles les soupirs des fantômes sans asile. Les lanternes de pierre grise étaient pareilles à des sentinelles solennelles devant les portes d'Hadès. Mais une vague d'encens précieux leur arrive de la Chambre de thé ; c'est l'appel qui ordonne aux invités d'entrer. Un à un, ils s'avancent et prennent place. Dans le tokonoma est suspendu un kakémono où sont écrites les merveilleuses réflexions d'un vieux moine sur l'anéantissement de toutes les choses terrestres. Le bruit de la bouilloire qui bout sur le brasier ressemble au chant d'une cigale exhalant sa tristesse à l'été qui s'en va. Mais l'hôte paraît. Chacun est servi à son tour et chacun, à son tour, vide silencieusement sa tasse, l'hôte le dernier de tous. Puis, selon l'étiquette, l'invité le plus marquant demande la permission d'examiner le service à thé. Rikiu met devant eux les différents objets et le kakémono. Lorsqu'ils ont exprimé tous l'admiration que leur inspire la beauté de ces pièces de choix, Rikiu leur en fait présent en guise de souvenir. Il ne garde pour lui que le bol. « Que jamais cette coupe, souillée par les lèvres du malheur, ne serve à un homme ! » Il dit et brise la coupe en mille miettes.

La cérémonie est achevée ; les invités retenant avec peine leurs larmes, lui disent leur dernier adieu et quittent la chambre. Sur la prière de Rikiu, un seul, le plus proche et le plus cher de tous, demeurera et assistera à la fin. Rikiu, alors, quitte sa robe de thé, la plie soigneusement sur la natte, et il apparaît vêtu de la robe de mort, d'une blancheur immaculée. Il regarde avec tendresse la lame brillante

du poignard fatal et lui adresse ces vers
exquis :

Sois la bienvenue,
O épée de l'éternité !
A travers Bouddha
Et à travers Dharuma, pareillement,
Tu t'es ouvert ta voie.

Le visage souriant, Rikiu a passé dans
l'inconnu.

TABLE

TABLE

		Pages
Préface du traducteur	. . . .	9
I. — La coupe de l'humanité.	. . . . .	23
II. — Les écoles de thé.	. . . .	41
III. — Taoïsme et Zennisme.	. . . . . .	59
IV. — La chambre de thé.	. . . .	81
V. — Du sens de l'art.	. . . .	107
VI. — Les fleurs.	. . . .	125
VII. — Les maîtres de thé.	. . . . .	149

ACHEVÉ D'IMPRIMER LE QUINZE MAI
MIL NEUF CENT VINGT-SEPT, PAR LES
SOINS DE LA SOCIÉTÉ GÉNÉRALE
D'IMPRIMERIE ET D'ÉDITION, RUE DE
RENNES, 71, A PARIS.

ORIENTALES

1

LA SULTANE DE L'AMOUR
par
FRANZ TOUSSAINT

illustrations
de
A. Brodovitch

3

CHANTS D'AMOUR HINDOUS
Adaptation
de
G. RODIER

illustrations
de
Janine Aghion

ANDRÉ DELPEUCH, ÉDITEUR
51, RUE DE BABYLONE, PARIS

9 782329 081540